IT in HR

bereit für die digitale Transformation

mit 44 Beiträgen und 54 Abbildungen von 20 Autoren:

von Marc Bastien, eco – Verband der Internetwirtschaft e. V., Laura Fenger,
Dr. Ralf Grässler, Stefanie Hornung, Michael Kretzer, (Interviews mit: Frazier Miller
und Prof. Dr. Jens Nachtwei), Doris Papenbroock, Isabella Pridat-Zapp, Jens Rode,
Dr. Wolfgang Rother, Burgy Zapp von Schneider-Egestorf, Anne Schüller,
StepStone, Lothar Steyns, Dr. Eldar Sultanow, Melanie Vogel,
Prof. Dr. Peter M. Wald, Rainer Weckbach, Margit Wehning

IT in HR

Herausgeber Burgy Zapp von Schneider-Egestorf

© 2017 DUKE Communications GmbH, Hagenheim

ISBN-13: 978-3933204264

Es handelt sich um ein Sammelwerk; Beispiel Zitation:

Grässler, Ralf (2017): Der Business Impact von „New Work“. In: Zapp von Schneider-Egestorf, Burgy (Hg.): IT in HR. Hagenheim: DUKE Communications GmbH, S. 60-64.

Kontakt: www.NEWSolutions.de

Über das Buch:

„Für die Transition zu Arbeiten 4.0 gibt es kein Allheilmittel - denn die Unternehmen/Organisationen sind zu verschieden. Arbeiten 4.0 ist nicht nur disruptiv sondern auch eine große Chance. Es lohnt sich daher, im Team einen Projektplan mit hinterlegten Dokumenten zu erarbeiten und nicht einfach alles auf sich zukommen zu lassen. Halbheiten führen oft zu kostspieligen Irrungen. Das vorliegende Buch gewährt Einblicke in Unternehmens-Fortschritte und Lösungsansätze für den Weg durch die digitale Transformation und präsentiert vor allem Material als Inspiration für eigene Überlegungen."

Kritik könnten Personalmanager (oder IT) mit dem Einsatz von BigData-Instrumenten Lügen strafen. Mit Datenanalysen – und zwar auch oft schon mit Small Data – könnten sie die Bedeutung ihrer Arbeit für Organisationen messbar machen, statt sich auf Tradition und Bauchgefühl zu verlassen.

Auch das ist ein Paradigmenwechsel: Nicht immer wird es gelingen, den vollen Informationsgehalt aus den vorhandenen Daten zu extrahieren. Wenn man allerdings durch solche Analysen Aussagen treffen kann, die mit 95-prozentiger Wahrscheinlichkeit richtig sind, ist dies viel besser als Raten oder ein „Bauchgefühl".

Inhalt

Personalarbeit heute

Personalarbeit und die digitale Transformation   14

von Burgy Zapp von Schneider-Egestorf und Isabella Pridat-Zapp

Ein Blick auf die relevanten Messen macht deutlich, dass sich der Personalbereich in den vergangenen 16 Jahren grundlegend verändert hat. Kurz vor dem neuen Jahrtausend öffnete die erste Personal-Messe „Zukunft Personal" 1999 mit unter 100 Ausstellern ihre Tore in Köln. Heute stellen auf dieser größten Personalmesse Europas 732 Aussteller aus und mit 16.940 Besuchern wurde 2016 ein neuer Rekord aufgestellt.

Federführend - HR oder IT oder CEO oder?

HR-Trends 2017: Vernetzung   32

Im Jahr 2017 stehen Human Resources Manager vor der Herausforderung, große Themen wie Digitalisierung und Kollaboration erfolgreich umzusetzen. Die Vernetzung von Experten wird nach Einschätzung des Technologie-Start-ups Mystery Lunch dabei zu einer entscheidenden und übergeordneten Aufgabe, der sich auch Vorstände und Geschäftsführer zunehmend annehmen.

Die digitale Transformation beginnt bei den Personalern   36

von Isabella Pridat-Zapp

Laut des Global Human Capital Trends Report von Deloitte sind nur 22 Prozent der Geschäftsführer der Ansicht, dass sich ihre Personalabteilung an die Anforderungen ihrer sich wandelnden Belegschaft anpasst. Dies ist eine erschreckend niedrige Zahl, die darauf hindeutet, dass viele Unternehmen Gefahr laufen, die Anforderungen und Wünsche jüngerer Mitarbeiter nicht zu erfüllen. Wird Europa als Folge hiervon mit einer Belegschaft enden, der es an Motivation fehlt?

Der Chief Digital Officer – eine zeitgemäße Innovation

42

von Burgy Zapp von Schneider-Egestorf

Es handelt sich bei dieser Tätigkeit nicht um ein neues Etikett auf einer alten Flasche. Die McKinsey Autoren Tuck Rickards, Kate Smaje, and Vik Sohoni bezeichnen den CDO in ihrem gleichnamigen Beitrag aus September 2015 als „Transformer in Chief" also zuständig für die Unternehmens-Transformation.

„Arbeitswelt 4.0" ist in vielen Personalabteilungen noch nicht angekommen

50

Bericht Agentur ohne Namen, Melanie Vogel

Die Bonner AGENTUR ohne NAMEN führt alljährlich den „HR Future Trend" durch, eine Befragung unter Personalverantwortlichen deutscher Unternehmen, um die Trends und Themen zu erfassen, mit denen sich Corporate Germany aktuell befasst.

Das digitale Wunderkind:

56

von Anne Schüller und Jens Rode

Schnelllebigkeit bestimmt nicht nur unseren persönlichen Alltag, sondern auch das Wirtschaftsleben und damit die Überlebensfähigkeit der Unternehmen. Bereits seit einigen Jahren setzen Entscheider daher auf die Expertise von sogenannten Chief Digital Officern (CDO), die mit strategischem Weitblick die digitalen Geschicke der Unternehmen lenken sollen.

Der Business Impact von „New Work"

60

von Dr. Ralf Grässler

New Work beschreibt (unter anderem), wie sich Technologie im Rahmen der digitalen Transformation wandelt und wie sich dadurch Arbeit verändert. Um diese Impulse für unser Business zu nutzen müssen wir verstehen, dass „diese Digitalisierung" genau das bewirkt, was wir im Anwendungskontext daraus machen. Logisch? Schauen wir mal.

Big Data in HR

66

von Stefanie Hornung

Big Data birgt viele Vorteile für das Personalmanagement: Unternehmen können die Methoden für Auswahl und Entwicklung der Mitarbeiter auf eine valide Basis stellen oder erfolgreiche Instrumente für die Mitarbeiterbindung identifizieren. Die technischen Entwicklungen sind nicht aufzuhalten. Doch wie datenaffin sind Unternehmen in Bezug auf Personalfragen? Nutzen Personalmanager Datenanalysen für mehr Business Intelligence ihrer Organisationen?

Industrie 4.0: Zweifel an Chefs   *70*

von Isabella Pridat und Burgy Zapp von Schneider-Egestorf

Die Personalberatung Rochus Mummert befragte HR-Führungskräfte sowie 1.000 Arbeitnehmer für die Studie „Einfluss des HR-Managements auf den Unternehmenserfolg". Laut den Ergebnissen zweifeln 57 Prozent der Arbeitnehmer in Deutschland daran, dass ihre Chefs beim Thema Digitalisierung und Industrie 4.0 sattelfest sind.

Big Data in HR Trend-Studie   *74*

Interview mit Prof. Nachtwei von Stefanie Hornung

Mehr als zwei Drittel der 254 Befragten aus mehr als 200 verschiedenen Unternehmen hatten zumindest eine grobe Vorstellung davon, was hinter dem Konzept Big Data steckt. Allerdings maßen nur 31 Prozent dem Thema im Personalbereich einen mittleren Stellenwert im eigenen Unternehmen bei. Lediglich 15 Prozent der Teilnehmer bescheinigten, dass Big-Data-bezogene HRAktivitäten bei ihnen im Unternehmen durchgeführt werden. Aktuell sind die Personalauswahl und -entwicklung die zentralen Anwendungsfelder im HR-Bereich der Unternehmen.

Analysen zur Workforce heute

Die Digitale Transformation fällt aus   *80*

Die Unternehmen ignorieren wichtige Kompetenzen bei der Nachfolgeplanung. Dies ergab eine kürzlich veröffentlichte Studie der Personalberatung InterSearch Executive Consultants zum Thema „Strategische Nachfolgeplanung". 202 Personalverantwortliche und Manager von deutschen Unternehmen ab 250 Mitarbeitern wurden für die Studie online befragt. Das durchführendes Marktforschungsinstitut war Research now.

Millenials im Fokus   *82*

von Isabella Pridat-Zapp

Getriggert durch den Hype um die neue Generation, hat IBM im Sommer 2014 eine Studie zu diesem Thema beauftragt um klare Daten zu den Millenials zu erheben. Einige der heute mit den 21–34jährigen verknüpften gängigen Meinungen konnten bestätigt werden, doch gab es auch viele sehr überraschende Ergebnisse, vor allem mit Bezug auf die Generation X (35–49) und im Vergleich zu den ab 50ig-jährigen Baby Boomers: Die Unterschiede zwischen den Generationen sind oft gar nicht so groß wie gedacht.

Was IT-Fachkräfte von ihrem Berufseinstieg erwarten   *88*

Studie von Prof. Dr. Peter M. Wald, Rainer Weckbach und Laura Fenger

An der Befragung zur Studie „get started 2015" der HTWK Leipzig und get in IT im Juli und August 2015 beteiligten sich insgesamt 1.304 Teilnehmer. Die Befragung wurde über einen Online-Fragebogen durchgeführt. 54 Prozent der Teilnehmer waren zum Zeitpunkt der Befragung Studierende im Bereich IT, weitere 46 Prozent IT-Berufsstarter mit erster Berufserfahrung. Das Durchschnittsalter bei den Berufstätigen betrug 27,75 Jahre, bei den Studierenden 24,69 Jahre. Wissenschaftlich begleitet wurde die Studie von Herrn Prof. Peter M. Wald von der HTWK Leipzig.

Erfahrungen von IT-Experten: Rollen, Risiken   *100*
und Verantwortlichkeiten

von Margit Wehning

In der Geschichte jedes Unternehmens gibt es entscheidende Schlüsselmomente. Solche wesentlichen Meilensteine lassen sich auch in der persönlichen Karriere jeder Führungskraft identifizieren. Mal sind es die großen Erfolge, mal Krisen oder einfach besondere Situationen, die für einen selbst zu Schlüsselmomenten werden.

Trendreport Arbeiten 4.0   *108*

von Stefanie Hornung

Im Laufe des Jahres 2016 haben sich im Zuge der Personalmessen sechs Trends, die hinter dem Top-Thema Zukunft der Arbeit stecken, herauskristallisiert.

Mitarbeiter finden und halten

Digitalisierung - HR Future Trends   *112*

von Melanie Vogel

Die vierte Industrielle Revolution ist in vollem Gange. Die Befürchtung ist groß, dass diese mehr Jobs zerstören als neue schaffen wird. Die Gefahr einer Zweiklassengesellschaft droht - bestehend aus jenen, die mit der Digitalisierung Schritt halten, und jenen, die genau das versäumen. Um das zu verhindern sollten Unternehmen und HR-Abteilungen fünf Tiefdruckgebiete im Auge behalten.

Personalabteilungen brauchen bessere IT-Auswertungen   *116*

von Burgy Zapp von Schneider-Egestorf

Human Resources und Talent Management befasst sich damit, beim Wettbewerb um möglichst talentierte Arbeitskräfte möglichst gut abzuschneiden. Die Human Resources Messen werden immer wichtiger.

Personaler suchen Datenanalysten   *126*

von Isabella Pridat-Zapp

Deutsche Firmen drohen bei Data Analytics den Anschluss zu verlieren. Diese Gefahr zeigt die Deloitte-Studie „Datenland Deutschland: Talent meets Technology – Data Analytics und der menschliche Faktor" auf.

Falsche Kriterien bei Nachfolgeplanung der Manager   *130*

von Isabella Pridat-Zapp

Die meisten Personalverantwortlichen (78 Prozent) in großen Unternehmen sind davon überzeugt, dass sie Vakanzrisiken auf Management-Ebene systematisch analysieren. Tatsächlich vernachlässigen sie aber wichtige Kriterien bei der Besetzung von Spitzenpositionen. Netzwerker und Innovationstreiber werden oft übersehen, Nachfolger für offene Stellen zu häufig aus den eigenen Reihen rekrutiert.

Digital-Know-how wird zum Einstellungskriterium   *134*

von Burgy Zapp von Schneider-Egestorf

Die zunehmende Digitalisierung deutscher Kliniken schafft neue Jobprofile: Für jede vierte medizinische und nahezu jede zweite kaufmännische Führungskraft werden Kenntnisse zum Thema Digitalisierung künftig Pflicht sein. Hintergrund: In jedem dritten Krankenhaus zählt das fehlende Know-how der Spitzenkräfte zu den größten Stolpersteinen auf dem Weg zur so genannten Medizin 4.0.

Damit der Chef nicht mit in den Urlaub fährt   *136*

von eco – Verband der Internetwirtschaft e. V.

In Zeiten von Unified Communications und digitaler Omnipräsenz kommen viele Mitarbeiter auch im Urlaub nicht zur Ruhe. Laut Gesetz stehen dem Arbeitnehmer jedoch mindestens 20 Urlaubstage zu, an denen er nicht beruflich erreichbar sein muss – selbst wenn dies vertraglich anders geregelt ist

Stress in der VUCA-Welt **140**

Bericht von Burgy von Schneider-Egestorf

„Veränderung und Transformation im Windschatten von Industrie 4.0 und Digitalisierung" lautete das Thema der Umfrage 2016 der Agentur ohne Namen. 103 Unternehmen aus Deutschland haben sich von Anfang März bis Ende Mai 2016 in der Online-Befragung geäußert. 27 % zählen mit jeweils über 5.000 Mitarbeitenden zu den Großunternehmen, über 40 % sind KMU.

HR-Trends verstehen

Die Zukunftskompetenzen der Mitarbeiter **146**

von Melanie Vogel

Der Transformationsprozess ist in vollem Gange und kann nur mit den entsprechenden Fachkräften bewältigt werden. Dass hieran ein Mangel herrscht, ergab die diesjährige Umfrage „HR Future Trends 2016", die von der AGENTUR ohne NAMEN zum vierten Mal in Folge durchgeführt wurde. Von den 103 befragten Personalverantwortlichen bemängeln 54 Prozent das Fehlen qualifizierter Bewerber. Fast 42 Prozent klagen über akuten Fachkräftemangel.

IT-Profis verdienen in Frankfurt am besten **148**

Die Gehälter von IT-Führungskräften sind in diesem Jahr um 3 Prozent gestiegen – Fachkräfte kommen auf ein Plus von 2,2 Prozent. Am meisten Geld gibt es in Frankfurt: Hier liegt das Lohnniveau für IT-Profis 20,7 Prozent über dem Bundesschnitt. Dies sind die Ergebnisse der Studie „IT-Funktionen 2016/2017" der Hamburger Vergütungsanalysten von Compensation Partner in Kooperation mit der Fachzeitschrift „Computerwoche".

Social Business: Nutzen und Hürden **152**

von Burgy Zapp von Schneider-Egestorf

Gerade für Mittelständische Unternehmen ist es sinnvoll, die Digitalisierung von Geschäftsprozessen bzw. digitale Transformation zu nutzen. Weitere Schlagworte sind Social CRM, Media Marketing, Web Technologien, Digital Business, Recht und Datenschutz, Social Business und IoT. Der Mittelstand kann aufgrund hoher Beweglichkeit schneller Nutzen aus Unternehmens-Veränderungen ziehen.

Vom Computer eliminiert

162

von Burgy Zapp von Schneider-Egestorf

Im Unterschied zu herkömmlichen Stellenportalen ist Adzuna eine Jobsuchmaschine, über die man Zugang zu den Stellenangeboten aller führenden Portale bekommt – allein in Deutschland mehr als 500.000 Stellenangebote. Weltweit nutzen mehr als fünf Millionen Menschen in elf Ländern Adzuna für ihren beruflichen Aufstieg.

Zeit- & Zugriffs-Management mit RFID

166

von Dr. Eldar Sultanow und Michael Kretzer

Verschiedene aufeinander abgestimmte betriebliche Informationssysteme bilden das Zeitmanagement, die Sicherheit, Auditierung und das Zugriffsmanagement ab. Unter Verwendung der RFID-Technologie lassen sich die genannten Anforderungen mittels einer gemeinsamen Plattform erfüllen. Der vorliegende Artikel zeigt dies anhand praktischer Referenzbeispiele.

Erzwungene Flexibilität führt zu Wechselfreudigkeit

174

von Doris Papenbroock

Laut einer Studie des Best-Practices- und Technologieunternehmens CEB erwartete jeder vierte Arbeitnehmer (24 Prozent) in Deutschland im 2. Halbjahr 2016 größere betriebliche Umstrukturierungen. In den vergangenen zwölf Monaten sind in den meisten Unternehmen bereits weitreichende Veränderungen erfolgt.

Der Bewerber als Kunde

178

von Burgy Zapp von Schneider-Egestorf

Die gleichzeitige Behandlung dieser beiden Themen ergibt sich aus dem Beispiel: Novartis, das für diesen Artikel Modell steht. Bei Novartis dreht sich alles um den Endkunden, das ist sicher nicht für jede Branche eine gute Strategie. Aber in unserem Fall überträgt Novartis dieses Konzept auf die Recruiting Strategie.

Fachkräftemarkt: Jede sechste Stelle wird heute mit IT-Personal besetzt

184

von StepStone

Die Digitalisierung der deutschen Wirtschaft beschleunigt sich – und sie wirkt sich auf alle Branchen aus. Diese Entwicklung lässt sich auch am Personalbedarf deutscher Unternehmen ablesen: Jede sechste Stellenausschreibung für Fachkräfte richtet sich heute an Spezialisten mit IT-Hintergrund.

Alle ziehen an einem Strang   186
von Burgy Zapp von Schneider-Egestorf

Es gibt sexy Produkte, die für sich selbst sprechen. Beispielsweise ein Smartphone oder Tablet kann man anfassen, dann passiert auch etwas. Es gibt aber auch Unternehmen, die ihren Umsatz mit weniger aufregenden Produkten verdienen. Beispielsweise ist eine Versicherung per se ein wenig spannendes Produkt.

Wo Deutschland nach Jobs sucht   192

Aktuelle Nutzerumfrage Jobbörsen-Kompass wertet mehr als 15.000 Jobbörsen-Bewertungen aus und ermittelt beste Jobbörsen auf dem deutschen Arbeitsmarkt

Mitarbeiterverhalten im disruptiven Umfeld   196
von Melanie Vogel

Ganze 60,3% der Unternehmen durchlaufen momentan Veränderungsprozesse. Die drei wichtigsten Gründe für die Veränderungsprozesse sind Kosteneinsparungen (Platz 1), Digitalisierung von Geschäftsprozessen (Platz 2) und zunehmender Wettbewerbsdruck (Platz 3). Knapp 40% der Unternehmen begleiten diese Veränderungsprozesse nicht durch Personalentwicklungs-Maßnahmen.

Workshifting – ein wichtiges Konzept für Personaler   198
von Burgy Zapp von Schneider-Egestorf

Viele neue Arbeitswelt-Konzepte verlangen ein Umdenken vom Personaler, damit er in die Lage versetzt wird, die sich eröffnenden neuen Möglichkeiten im Recruiting und Talent Management möglichst zeitnah und vollständig zu erkennen und zu nutzen – so auch das Workshifting und Mobile Enterprise.

Big Data – Mehr als nur ein großer Datenhaufen   204
von Marc Bastien und Dr. Wolfgang Rother

Ist „Big Data" nur ein großer Haufen Daten? Nicht ganz! „Groß" ist relativ und trifft den Kern von Big Data nicht, denn der besteht in Paradigmenwechseln im Bereich Business Analytics.

Was zählt, sind Antworten   216
von Wolfgang M. Roser

Was nützt uns die größte Bibliothek, wenn wir nicht wissen, was in den einzelnen Büchern steht? Wer fleißig sammelt und seine Bibliothek laufend mit neuen Büchern erweitert, kann sich zwar an einer umfassenden Sammlung erfreuen, wesentliche Erkenntnisse oder Zusammenhänge bleiben jedoch verborgen.

HR-Konjunktur-Blitzlicht 220

Das Wirtschaftsinstitut Wolfgang Witte hat im Herbst 2016 ein „HR-Konjunktur-Blitzlicht" erstellt: 74 Aussteller der Messe Zukunft Personal und andere Umfrage-Teilnehmer haben im September und Oktober 2016 an einer Befragung zur Einschätzung der Marktlage teilgenommen.

Human Resources in der Cloud 222

von Lothar Steyns

Der Begriff „Cloud" ist zurzeit in aller Munde. Aber was verbirgt sich eigentlich hinter diesem Begriff und seinen Begleitern? Was versteht man zum Beispiel unter Outsourcing, SaaS, Private Cloud, Miet-Software oder ASP, um nur einige weitere Begriffe aus dem Cloud-Computing zu nennen? Die gemeinsame Grundlage ist die Idee, Software als Service zur Verfügung zu stellen.

Digitale Weiterbildung

Fünf Tipps für Digitales Bildungs-Investment 228

von Burgy von Schneider-Egestorf

Weiterbildung ist Sache der Personalabteilung. Doch müssen die einzelnen Maßnahmen nicht ausschließlich von dieser initiiert werden. Die Beschäftigten können heute sehr leicht zusätzlich selbst die Initiative ergreifen. Oft genügt ein Anstoß und ein wiederholter Hinweis der Personalabteilung. Das Informationszeitalter bietet hervorragende Möglichkeiten für digitales Bildungs-Investment.

E-Learning auf dem Vormarsch? 232

von Stefanie Hornung

Laut einer gemeinsamen Studie der Association for Talent Development (ATD, vormals ASTD) und dem Institute for Corporate Productivity sind Betriebe auf das Lernen der Zukunft nicht vorbereitet.

Digitale Medien in der betrieblichen Aus- und Weiterbildung 234

Nahezu jeder Betrieb in Deutschland verfügt heute über internetfähige Technik wie Desktop-PC, Laptops oder Tablet-Computer und setzt diese auch bei der betrieblichen Ausbildung ein. Dennoch werden spezielle digitale Lern- und Medienformate von den Betrieben in der Ausbildung noch sehr zurückhaltend eingesetzt, hier spielen weiter klassische Medienformate die größte Rolle.

e-Learning für Mitarbeiter

238

Interview mit Frazier Miller

Der Trend geht zu interaktiven Personalschulungen auf mobilen Devices.
NEWSolutions befragte Frazier Miller, COO von Articulate zur gegenwärtigen
Entwicklung in diesem Bereich.

Digitale Bildungsteiler kommen – auch aus Deutschland

242

Wer früher an E-Learning dachte, hatte braune Rollkragenpullover tragende
Mathelehrer im Telekolleg-Stil vor Augen. Wie oft schon wurde die digitale
Bildungsrevolution ausgerufen? Doch gelernt wird immer noch klassisch. Nicht
ganz.

Personalarbeit und die digitale Transformation

von Burgy Zapp von Schneider-Egestorf und Isabella Pridat-Zapp

Ein Blick auf die relevanten Messen macht deutlich, dass sich der Personalbereich in den vergangenen 16 Jahren grundlegend verändert hat. Kurz vor dem neuen Jahrtausend öffnete die erste Personal-Messe „Zukunft Personal" 1999 mit unter 100 Ausstellern ihre Tore in Köln. Heute stellen auf dieser größten Personalmesse Europas 732 Aussteller aus und mit 16.940 Besuchern wurde 2016 ein neuer Rekord aufgestellt.

Gleichzeitig wurden in den letzten 6 Jahren 2 zusätzliche deutsche Messen, Personal Nord und Personal Süd eingeführt, mit insgesamt circa 600 Ausstellern. (vgl. „HR-Konjunktur-Blitzlicht" S. 220) Unter anderem auch die CeBIT ist mit einer dedizierten Halle seit Jahren sehr aktiv in Sachen Personal. Und Österreich und die Schweiz verfügen über große eigene Personalmessen in Wien und Zürich. Verschiedene weitere Messen bieten ebenfalls Personaler-Schwerpunkte. Alle diese Messen weisen einen Kongress-Aspekt auf. Das ist ein sehr aussagefähiges Phänomen.

Anlass genug, dem Bedarf auf den Grund zu gehen. Während im Jahr 1999 Personaler noch hauptsächlich mit Bewerbersichtung, Lohnabrechnung, Verwaltung von Personal-Dokumenten, rechtlichen Fragen, Mitarbeiter-Bonusprogrammen sowie Verhandlungen mit Betriebsrat und Gewerkschaftsvertretern befasst waren, sind inzwischen sehr viele zusätzliche, eigentlich artfremde Skill-Sets gefragt. (vgl. „Arbeitswelt 4.0 ist in vielen Personalabteilungen noch nicht angekommen" S. 50) und (s.a. „Trendreport Arbeiten 4.0" S. 108)

Die Suche nach Stichworten in den Veranstaltungstiteln und Meldungen für Personaler liest sich so:

Online-Recruiting-Management, Cloud-Lösungen für das Talent- und Wissensmanagement, Talent-Relationsship-Management und Collaboration, Employee Engagement, Apps für die Zeiterfassung, MOPS - mobil-optimierte Stellenanzeigen, Crowd Innovation, Mitarbeiterbefragung, Data Mining, BYOD - Bring your own Device, Social Media, Corporate Health, eLearning, Distance-Learning, MOOC - Massive Open Online Courses, Workspaces und Workplace Strategies und Big Data & Analytics. (vgl. „Big Data in HR" S. 66) Hierbei bilden Big Data & Analytics für fast alle anderen, sich in diesen Stichworten spiegelnden Tätigkeiten oder Lösungen eine Voraussetzung - in manchen Fällen sind „small Data", resp. Business Intelligence Auswertungen ebenfalls adäquat.

Die Autoren des Buches: Dr. Ralf Gräßler

„Wir brauchen ein neues Mindset, denn das Beharrungsvermögen der hierarchisch geprägten Alt-Strukturen ist so groß, dass ein Wandel nur gelingt, wenn genug „Follower" für eine ausreichende Transformations-Energie sorgen."

„Sind Personaler denn überhaupt für solche Anforderungen ausgebildet? Das klingt nach anspruchsvollem IT-Know-How in Sachen neue Medien und hoher Affinität zu Statistik und Datenbank-Nutzung. „Datability", (s.a. S. 80) die Fähigkeit zum professionellen Umgang mit großen Datenmengen, wird auch für Personalabteilungen immer wichtiger," erklärt Stefanie Hornung, Pressesprecherin bei spring Messe Management (div. Personalmessen), und fährt fort: „Die Methoden von Big Data bieten viele Chancen für das Talent- und Wissensmanagement. (vgl. „Big Data – Mehr als nur ein großer Datenhaufen" S. 204) Mithilfe von Data Mining können Unternehmen verschiedene Datenquellen analysieren, von den Stammdaten der

Mitarbeiter über ihre Korrespondenz in E-Mail und Social Media bis hin zu Mitarbeiterbefragungen und externen Daten. (s.a. „Was zählt, sind Antworten" S. 216) Diese Analyse soll dabei helfen, Wissensträger auszuwählen und Mitarbeiter ihren Kompetenzen entsprechend einzusetzen und zu entwickeln – und zwar zeitnah im Verhältnis zu realen Entwicklungen im Betrieb. (s.a. „Millenials im Fokus" S. 82) Andere Einsatzszenarios richten sich auch auf wichtige Zukunftsfragen:

Welche Kompetenzen könnte ein Arbeitgeber im Laufe der Zeit verlieren?

Welchem Mitarbeiter droht ein Burnout? Doch wer Big Data für HR nutzen will, muss entsprechendes Know-how mitbringen – neben einem hohen technischen Verständnis, etwa in Bezug auf die Kompatibilität verschiedener Datenquellen – auch im Umgang mit dem Datenschutz und der Unternehmenskommunikation. Die Mehrheit der Betriebe wagt sich deshalb bislang nicht an das Thema heran." Diese Auffassung wird durch die 2015 veröffentlichte Trendstudie „Big Data in HR" der Humboldt Universität Berlin und anderer Institute mit Fakten untermauert - siehe Interview mit Prof. Nachtwei, „Big Data in HR Trend-Studie", S. 74.

Die Autoren des Buches: Prof. Dr. Jens Nachtwei

Prof. Dr. Jens Nachtwei kommentiert die Studienergebnisse: "Dass es an der einen oder anderen Stelle an der Expertise mangelt, war nicht so erstaunlich. Aber dass insgesamt 44 Prozent der Studienteilnehmer keine Big-Data-Projekte planen und sogar 55 Prozent nicht vorhaben, Validierungen von Potentialanalysen zu machen – das fand ich ziemlich ernüchternd und fast schon fahrlässig."

Der Bereich ist im Umbruch - es mehren sich die Studien zu Aspekten der Personalarbeit. So ergab 2015 der ADP Social Media Index (ASMI): "Je kleiner Unternehmen sind, desto seltener und zielloser ist ihr Einsatz sozialer Medien für die Personalarbeit."

Workday, ein HR-Cloud-Anbieter erklärt, hochqualifizierte Mitarbeiter seien das wichtigste Kapital eines Unternehmens. (s.a. „Human Resources in der Cloud" S. 222) Sie zu halten und weiter zu entwickeln wird auch immer mehr mit Hilfe von Daten gelingen. Während Marketingleiter im Umgang mit Daten bereits ziemlich versiert sind und damit hochpersonalisierte Kampagnen managen, werden wir auch im HR-Bereich Initiativen sehen, die Mitarbeitern quasi datenbasiert ein noch besseres Arbeitsplatzerlebnis bieten. (s.a. „Was IT-Fachkräfte von ihrem Berufseinstieg erwarten" S. 88) Die Suche nach den besten Bewerbern kann mit IT & Marketing optimiert werden: „Der Bewerber als Kunde" S. 178.

Inzwischen werden immer mehr HR-Anwendungen durch externe Anbieter betrieben, doch dies enthebt die Betriebe nicht der Verantwortung für die Vorgaben, nach denen die Software-Produkte (Stichwort Robot-Recruiting) funktionieren. Hier geht es nicht nur um die Auswahl von Personal-Management Softwareprodukten, die wirklich zu den betrieblichen Anforderungen passen, sondern auch, und vor allem um deren Kalibrierung. (vgl. „Industrie 4.0: Zweifel an Chefs" S. 70)

Auch die beste Software kann nur dann passende Bewerber ausfiltern, wenn in ihr die richtigen und vollständigen Suchkriterien hinterlegt wurden. (vgl. „Falsche Kriterien bei Nachfolgeplanung der Manager" S. 130) und (s.a. „Digital-Know-how wird zum Einstellungskriterium" S. 134)

Wie aus einigen der nachfolgenden Beiträge deutlich wird, muss in vielen Unternehmen im ersten Schritt daran gearbeitet werden, dass die Definition der Suchkriterien durch Mitarbeiter erfolgt, die sowohl die technischen gesuchten Skillsets verstehen und kennen, als auch die gesuchten Persönlichkeitsaspekte der künftigen Mitarbeiter verstehen und kennen, die das Unternehmen in dieser Zeit des Umbruchs benötigt. Siehe hierzu den Beitrag „Die Zukunftskompetenzen der Mitarbeiter" auf S. 146 (s.a. „Digitalisierung - HR Future Trends" S. 112)

Die Autoren des Buches: Melanie Vogel

„Auf die Frage, welche Kompeten-zen in Zukunft an Bedeutung gewinnen oder verlieren, geben die Antworten eine klare Richtung vor: Deutsche Tugenden wie Fleiß (3,8 %), Pünktlichkeit (5,1 %) und fehlerfreies Arbeiten (12,9 %) gehören zu den Kompetenzen mit der geringsten Bedeutung für

Personalverantwortliche."

Ferner muss der für den Einsatz der Recruiting und Talent Management Soft-ware zuständige Personenkreis genug von der Funktionsweise einer Soft-warelösung verstehen, um sich auch der immanenten Schwächen bewusst zu sein. Als Beispiel möge der Beiträg „Vom Computer eliminiert", S. 162 die-nen. Neue IT-Tools können jeden einzelnen Arbeitsplatz negativ verändern, der Beitrag „Damit der Chef nicht mit in den Urlaub fährt" (S. 136) zeigt die Trag-weite. Bereits die digitale Transformation an sich stellt einen Stress-Faktor dar. (vgl. „Stress in der VUCA-Welt" S. 140) Deswegen ist es wichtig Veränderungen durch die Personal-Abteilung zu begleiten. (vgl. „Mitarbeiterverhalten im disrupti-ven Umfeld" S. 196)

Die Skill-Sets der Belegschaft sollten regelmäßig erfasst werden und hieraus ab-leitbar auch die sich anbietenden Weiterbildungsmassnahmen, um nicht nur den gegenwärtigen sondern auch den künftigen betrieblichen Bedarf abzudecken. (s.a. „Workshifting – ein wichtiges Konzept für Personaler" S. 198) Dies gilt analog für die Bewerber-Suche und -Auswahl. „Zur Personalplanung gehört also auch ein fun-diertes Verständnis der von der Unternehmensleitung geplanten Entwicklung der nächsten 5 Jahre. Zudem darf das Tempo der Digitalisierung die Mitarbeiter nicht zu sehr belasten. (vgl. „Erzwungene Flexibilität führt zu Wechselfreudigkeit" S. 174)

Informationen zum Interview mit Frazier Miller

"Mehr Unternehmen als je zuvor nutzen in den USA E-Learning, um ihre Angestellten zu schulen, weil es leichter anzupassen, kostengünstiger und schneller als Präsenztraining ist. Es erlaubt dem Personal, zu jeder Zeit und an jedem Ort zu lernen."

Wer hat hier das Know-How? Die IT-Abteilung kann vermutlich die Skill-Sets in Bezug auf IT-bezogene Ausbildung, zumindest im Rahmen der im Betrieb vorhandenen Softwareprodukte einschätzen – besser als die Personaler. (s.a. „IT-Profis verdienen in Frankfurt am besten" S. 148) Das ist ein sehr wichtiger Beitrag, da die meisten Positionen inzwischen auch fortgeschrittenes IT-Wissen erfordern, z.B. für Datenabfragen, die Interprätation von Reports, den Umgang mit Statistik-Tools oder auch einfach nur mit den vielfältigen online-Marketing Tools, elektronischen Devices und einer Vielzahl weiterer digitaler Möglichkeiten in den Unternehmensbereichen und im Kontakt mit Kunden und Lieferanten. (s.a. „Erfahrungen von IT-Experten: Rollen, Risikenund Verantwortlichkeiten" S. 100) Wie wichtig die IT-Abteilung für den Erfolg anderer Abteilungen ist, zeigt auch der Beitrag „Fachkräftemarkt: Jede sechste Stelle wird heute mit IT-Personal besetzt" auf S. 184.

Beispiel für eine Fehlinvestition

Der Teufel steckt im Detail: Zur Verdeutlichung der Problematik folgt ein sehr simples Beispiel aus der Praxis. Es geht um die Auswahl eines elektronischen Devices, um eine neue Gruppe von Aussendienstmitarbeitern zu enablen: Die Fachabteilung hat vermutlich zunächst in einem Pflichtenheft die Aufgabenstellung definiert - dann wird ein Tablet ausgesucht. Die Fachabteilung hat sich beim Händler informiert: Klein, handlich, leicht zu erlernen, kann PDFs, kann Text-Dateien und Tabellen, kann Fotos der aufgesuchten

Örtlichkeiten und eingesehenen Dokumente erstellen, hat eine sehr gute Navigationssoftware, kann eMail und vieles mehr.

Für die neue Aussendienstler-Gruppe werden diese Tablets angeschafft - ein nennenswertes Investment. Dann stellt sich heraus, dass die meisten in dieser Art von Tätigkeit erfahrenen Aussendienstler, die man neu rekrutiert hat, bisher ihre Arbeit und ihre Ansprechpartner und Kontaktgespräche mit Hilfe von Tabellen gemanagt haben, in die sie vor Ort die neuen und aktualisierten Informationen eingetragen haben sowie dort Fotos in kleiner Auflösung als JPG integriert haben.

Das können die gekauften Tablets aber nicht - sie können Tabellen nur darstellen und bieten keine Änderungsmöglichkeiten. Man gibt die Anweisung, Notizen von Hand auf ausgedruckten Formularen zu erstellen, die dann eine andere Person im Betrieb regelmäßig erfassen soll. Auf die so erfassten Daten haben die Aussendienstmitarbeiter keinen Zugriff.

Ferner sollten die Aussendienstler die Fotos der aufgesuchten Örtlichkeiten, bzw. dort eingesehenen Dokumente liefern. Es stellt sich heraus, dass die Tablets pro Foto mehrere MB verbrauchen und eine Übernahme der Fotos in die Haupt-EDV nur durch die IT-Abteilung vorgenommen werden kann, der der Aussendienstler zu diesem Zweck sein Arbeitsgerät überlassen muss. Da es sich um sehr viele Fotos handelt, können sie auch nicht einzeln per Mail an die Organisation geschickt werden, was auch deshalb nicht erwünscht ist, da dann zuviel Speicherplatz in dem eMail-Account der Organisation verbraucht wird.

Als nun die IT-Abteilung hierzu gefragt wird, wie das passieren konnte, stellt sich heraus, dass die IT bei der Wahl der Arbeitsgeräte von der Fachabteilung nicht involviert wurde. Zu diesem grundlegenden Versäumnis kommt hinzu, dass offenbar auch die Definition der Aufgabenstellung durch die Fachabteilung „am grünen Tisch" vorgenommen wurde und niemand sich die Mühe gemacht hat,

einige erfahrene Aussendienstler systematisch zu befragen oder den geplanten Arbeitsablauf selbst testweise durchzuführen.
(s.a. „HR-Trends 2017: Vernetzung", S. 32)

Diese Fehlinvestition und auch die möglicherweise falsche Stellenbesetzung mit Personen, die überhaupt nicht richtig mit Tablets, geschweige denn, Tabellen umgehen können, hätte auf verschiedene Weisen vermieden werden können:

1. Einbeziehung der IT

2. Weiterbildung der Fachabteilungsmitarbeiter im Hinblick auf Funktionsumfang von elektronischen Devices

3. Beschäftigung eines Chief Digital Officer, der zu allen Entscheidungen dieser Art hinzugezogen werden würde. Er sorgt dafür, dass der Workflow der neu zu rekrutierenden Aussendienstler-Gruppe analysiert und optimal geplant wird und die dafür am besten geeigneten elektronischen Devices angeschafft werden, unter Berücksichtigung der einfachen Datenübernahme in das Hauptsystem des Unternehmens. Der CDO arbeitet eng mit der Fachabteilung, mit den HR-Experten und der IT-Abteilung zusammen. (s.a. „Das digitale Wunderkind" S. 56)

Würde ein Wirtschaftsprüfer auf der Suche nach den Schuldigen für die Fehlinvestition - in der realen Welt wird das natürlich unter den Teppich gekehrt - nun ganz perfide sehr tief bohren, so könnte für das Unwissen der Fachabteilung und die nicht-Beschäftigung eines CDOs, die Personalabteilung verantwortlich gemacht werden.

Doch zurück zur Personalsuche und den Skillsets, die Unternehmen im Wandel brauchen. Es gibt auch viele neuere Studiengänge, die die neuen Skills als Haupt-, Neben- oder Wahlfach vermitteln. (s.a. „Der Business Impact von New Work" S. 60) Sind diese Entwicklungen der letzten Jahre den Personalern, die die Personal-Suche steuern bekannt? Verfügen sie selbst eigentlich über eine ausreichend digitale Ausbildung und genügend Datenbank-Verständnis für eine Formulierung der Keywords im Zusammenhang mit Personal-Suche und -Weiterbildung? Oder wird einfach nur hoffnungsfroh blind nach den bekannteren Studiengängen gesucht: Wirtschaftswissenschaftler, Naturwissenschaftler, Sozialwissenschaftler. Siehe hierzu der Beitrag „Personaler suchen Datenanalysten" auf S. 126.

Die Autoren des Buches: Burgy Zapp von Schneider-Egestorf

„Hieran wird wieder sichtbar, dass Social Business eine Struktur ist, und nicht eine Lösung. Erst wenn Hierarchie-Ebenen durchlässig sind und Ideen / Verbesserungen auch ankommen und aufgegriffen werden, aber auch erst dann, wenn alle Mitarbeiter mit ihrer Kompetenz aktiviert sind, ist die Wertschöpfung optimiert."
(vgl. „Social Business: Nutzen und Hürden" S. 152)

Eine so pauschale Suche in den Personalanzeigen würde ja noch ein paar recht gute Zufallstreffer erbringen können. (s.a. „Wo Deutschland nach Jobs sucht" S. 192) Allerdings müssten dann die eingehenden Bewerbungen durch einen digital qualifizierten Personaler auf digitale Zusatzqualifikationen geprüft werden. Aber eine vermeindlich zielgerichtete Suche nach BWL wird dem Unternehmen wohl kaum das für die digitale Transformation und Geschäftsentwicklung erforderliche Wissen bescheren und eine Suche nach Sozialpädagoge ebensowenig – denn die Software erkennt zum Beispiel den Studiengang Soziale Verhaltenswissenschaften mit Datenbanken und Statistik sowie Modernen Medien einfach nicht, wenn dies nicht explizit von einem Menschen mit entsprechendem Wissen so vorgegeben wurde.

Die Autoren des Buches: Michael Kretzer

„Das Thema Zugriffsmanagement hängt im Pharma und Medizinbereich eng zusammen mit dem Datenschutz, der aufgrund außenpolitischer Ereignisse ohnehin an immenser Bedeutung gewonnen hat. „

Die Autoren des Buches: Dr. Eldar Sultanow

„Verschiedene aufeinander abgestimmte betriebliche Informationssysteme bilden das Zeitmanagement, die Sicherheit, Auditierung und das Zugriffsmanagement ab. Unter Verwendung der RFID-Technologie lassen sich die genannten Anforderungen mittels einer gemeinsamen Plattform erfüllen."

Will die Personalabteilung nicht künftig die Personalsuche für alle Positionen mit digitalem Wissen und Datenbank/Statistik-KnowHow der IT-Abteilung überlassen, der es wiederum an Wissen zu den sonstigen Anforderungskriterien mangelt, so müssen sich Personaler selbst schnellstens weiterbilden (siehe „Die digitale Transformation beginnt bei den Personalern" S. 36). Da dieses Wissen künftig noch mehr als bisher für fast jeden Arbeitsplatz benötigt wird, sollten Personaler einen CDO anstellen (siehe S. 42), immer die IT-Abteilung einbeziehen oder sich mindestens so weit weiterbilden, dass sie die meisten Begriffe der Internet-Welt, der digitalen Tools, der Formulierung von Datenbank-Abfragen und des Aufbaus von Statistik-Methoden mit einer klaren Vorstellung verbinden können – also kein aktives, Hands-on Wissen, sondern ein passives Anwendungsbereich- und Nutzen-Wissen. (s.a. „Zeit- & Zugriffs-Management mit RFID" S. 166)

Die Autoren des Buches: Isabella Pridat-Zapp

„Im heutigen umkämpften Markt, in dem der Kampf um Spitzentalente immer härter wird, muss die Anpassung an eine Belegschaft der vier Generationen ganz oben auf der Geschäftsagenda stehen."

Trotz der Vielfalt an Informationsveranstaltungen ist die digitale Welt in den Personalabteilungen wohl nur bei den ganz großen Unternehmen angekommen. In Zusammenarbeit mit der Spring Messegesellschaft fand 2015 eine Umfrage bezüglich der Nutzung von Datenanalysen durch Personalabteilungen statt: „Big Data in HR". Prof. Dr. Jens Nachtwei, Humboldt Universität Berlin kommentierte die Studienergebnisse: "Dass die Befragten mangelnde Expertise als Hürde für den Einsatz von Big Data angeben, ist besonders überraschend. Obwohl rund 21 Prozent einen (wirtschafts-) psychologischen Hintergrund mitbringen, schreiben sich lediglich 12 Prozent eine große oder gar sehr große Expertise in Sachen Big Data zu."

Nicht nur bei Big Data ist mehr Zusammenarbeit entscheidend, der Unternehmens-Erfolg insgesamt profitiert von Kooperation, die wiederum mit Social Tools gefördert werden kann. (vgl. „Alle ziehen an einem Strang" S. 186)

Das Informationszeitalter bietet hervorragende Möglichkeiten für digitales Bildungs-Investment.

Auch die Weiterbildung ist inzwischen durch eLearning (vgl. „e-Learning für Mitarbeiter" S. 238) ergänzt worden (vgl. S. 242) und auch hier stärken neue Tools bestehende Strukturen: Siehe auch „Fünf Tipps für Digitales Bildungs-Investment" S. 228 und „E-Learning auf dem Vormarsch?" S. 232 sowie „Digitale Medien in der betrieblichen Aus- und Weiterbildung" S. 234.

Die Autoren des Buches: Dr. Wolfgang Rother

"IBM charakterisiert „Big Data" anhand der „4 V's": Volume, Variety, Velocity und Veracity (zu Deutsch: Menge, Vielfalt, Schnelligkeit und Glaubhaftigkeit). Transaktionale Daten sind meist strukturiert – genau wie in der Regel auch jene Daten, die von Sensoren oder Maschinen generiert werden. „

Die Autoren des Buches: Marc Bastien

"Eine Software, die bei Big-Data-Problemen immer wieder Erwähnung findet, ist Hadoop, die Abkürzung für Apache Hadoop. Es handelt sich dabei um eine Open-Source-Software, die nach dem klassischen „Teile und Herrsche"-Prinzip agiert: Man nehme eine Vielzahl von Rechnerknoten, verteile darauf seine Daten, lasse jeden Knoten einen Algorithmus auf der „lokal" gespeicherten Datenmenge ausführen und fasse anschließend die einzelnen Teilresultate zu einem Gesamtergebnis zusammen. Klingt einfach? Ist es aber nicht!"

Stefanie Hornungs Fazit: „Das Ergebnis ist ernüchternd. Den 254 befragten Personalern, Beratern und Führungskräften aus mehr als 200 verschiedenen Unternehmen war das Konzept von Big Data zwar zu 69 Prozent grob bekannt, aber nur 31 Prozent maßen dem Thema im Personalbereich einen mittleren Stellenwert im eigenen Unternehmen bei. Lediglich 15 Prozent der Befragten bescheinigten, dass Big-Data-bezogene HR-Aktivitäten bei ihnen im Betrieb durchgeführt werden – neun Prozent sahen die Personalabteilung dabei eher stark oder stark involviert. Als Hinderungsgründe für den Einsatz von Big-Data-Ansätzen in HR benannten die Teilnehmer insbesondere fehlendes Personal mit entsprechenden Kompetenzen, das Fehlen von nötigen Tools und die geringen Budgets. (s.a „Personalabteilungen brauchen bessere IT-Auswertungen" S. 116)

Die Autoren des Buches: Wolfgang M. Roser

"Fundierte, aussagekräftige Antworten müssen tagtäglich aus riesigen Datenbergen und unterschiedlichen Datenquellen gezogen werden, damit man die für den Unternehmenserfolg ausschlaggebenden und richtigen Entscheidungen treffen kann. ... Der Faktor Mensch spielt bei BI-Projekten eine tragende Rolle und darf keinesfalls unterschätzt werden. Viele BI-Projekte verlaufen oftmals nicht ganz so glücklich, weil der menschlichen Komponente keine oder zu wenig Aufmerksamkeit geschenkt wird. "

Dass die Befragten *mangelnde Expertise* als Hürde für den Einsatz von Big Data angeben, ist besonders überraschend. Obwohl rund 21 Prozent einen (wirtschafts-) psychologischen Hintergrund mitbringen, schreiben sich lediglich 12 Prozent eine große oder gar sehr große Expertise in Sachen Big Data zu. Offensichtlich fehlen selbst Vertretern der Profession, die im Studium explizit Methoden der Validierung mit Daten gelernt haben sollten, die nötigen Kompetenzen. Folglich meiden sie entweder im Studium alles was mit Statistik-Methoden oder Datenanalysen zu tun hat oder die Ausbildung an den Universitäten konzentriert sich auf andere Themen. Möglicherweise liegt die Ausbildung bei vielen auch schon zu weit zurück, so dass entsprechende Weiterbildungen vonnöten wären."

Die Autoren des Buches: Margit Wehning

„In der Geschichte jedes Unternehmens gibt es entscheidende Schlüsselmomente. Solche wesentlichen Meilensteine lassen sich auch in der persönlichen Karriere jeder Führungskraft identifizieren.

- Veränderungen der Infrastruktur (67%)

- Externe Ereignisse wie Ausfälle und technische Probleme (63%)

- Reaktion auf neue Kunden-Anforderungen (60%)

- Neue rechtliche und regulatorische Vorgaben (57%)"

Offenbar sind sich viele Personaler ihres großen Nachholbedarfs bewusst. Doch die Zeit für eigene Auffrischung oder Weiterbildung der Personaler dürfte knapp werden, denn schon springen andere in die Bresche. Neben dem Chief Digital Officer, der für die digitale Transformation des gesamten Unternehmens verantwortlich zeichnet, interessieren sich nicht nur Mitarbeiter der IT-Abteilung für die angestammte Domaine der Personaler, sondern auch Geschäftsführer, PR-/Marketing-Entscheider, Controller oder Gesundheitsfachleute.

HR-Trends 2017: Vernetzung

**Im Jahr 2017 stehen Human Resources Manager vor der Herausforde-
rung, große Themen wie Digitalisierung und Kollaboration erfolgreich
umzusetzen. Die Vernetzung von Experten wird nach Einschätzung des
Technologie-Start-ups Mystery Lunch dabei zu einer entscheidenden und
übergeordneten Aufgabe, der sich auch Vorstände und Geschäftsführer
zunehmend annehmen.**

Denn um übergreifende Projekte voranzubringen, ist für Unternehmen eine engere
Zusammenarbeit zwischen Abteilungen immer wichtiger.

„Die Digitalisierung erleichtert das Projektmanagement in Unternehmen. Gleichzeitig verliert der persönliche Kontakt keineswegs an Bedeutung. HR Manager haben
die Aufgabe, Zusammenarbeit über Abteilungen hinweg zu ermöglichen und die
Performance ihres Unternehmens damit zu erhöhen", sagt Christoph Drebes, einer
der drei Gründer und Geschäftsführer von Mystery Lunch.

**Die aus Sicht von Mystery Lunch wichtigsten Entwicklungen für Human
Resources im Jahr 2017 sind folgende:**

1. Zusammenarbeit und Kollaboration

Wenn Kollegen aus verschiedenen Abteilungen ihre Expertise zusammenbringen,
kommen Projekte wesentlicher schneller zum Erfolg. Silodenken hingegen ist dabei eines der größten Hemmnisse, das erkennen immer mehr Unternehmen. Im
Jahr 2017 werden Firmen aller Größen nach neuen Möglichkeiten suchen, den Austausch zwischen Mitarbeitern zu stärken. Dabei spielen digitale Collaboration Tools

weiterhin eine Rolle – immer wichtiger wird aber die persönliche Interaktion. Eine der zentralen Aufgaben für Human-Resources-Verantwortliche wird es im kommenden Jahr sein, Ausschau nach neuen Formen zu halten, um den Austausch zu fördern.

2. Vom virtuellen Austauch zum persönlichen Treffen

Meetings und Veranstaltungen sind gut geeignet, um zur Vernetzung von Mitarbeitern beizutragen. Für abteilungsübergreifende Lösungen braucht es allerdings häufig mehr. Hier haben viele Unternehmen bislang auf firmeninterne soziale Netzwerke gesetzt – sogenannte Social Collaboration Tools. Diese können helfen, Communities zu bestimmten Themen zu bilden. Nachhaltige Vernetzung und ein Aufbrechen von Silodenken entsteht jedoch in vielen Fällen nur, wenn Firmen einen Schritt weiter gehen und neue persönliche Kontakte ermöglichen.

3. Konversation und Dialog vertikal und horizontal

Ausschließliche Top-down-Kommunikation steht schon einige Zeit vor dem Aus. Unternehmen haben erkannt, dass sie einen verstärkten Austausch aller Ebenen benötigen und somit zwischen verschiedenen Ebenen und in alle Richtungen kommunizieren müssen. Ziel ist es, voneinander zu lernen und sich weiterzuentwickeln – somit lernt der Mitarbeiter vom Chef und umgekehrt. Gleiches gilt für die Interaktion von Spezialisten mit unterschiedlicher Expertise. Oft wird Know-how erst durch Transfer und Austausch wirklich wertvoll.

4. Vernetzung unterstützt Recruiting und Mitarbeiterbindung

Mit besserer Kommunikation ist meist eine fortschrittliche und positive Unternehmenskultur verbunden. Diese ist auch im Bereich Recruiting und Mitarbeiterbindung so bedeutend wie nie zuvor. Für immer mehr Fachkräfte liegt darin häufig das Zünglein an der Waage, wenn es um die Frage „gehen oder bleiben" geht. Auch informieren sich potenzielle neue Mitarbeiter heute vorab wesentlich intensiver. Gerade hochqualifizierte Fach- und Führungskräfte entscheiden nicht nur nach harten Kriterien wie Gehalt oder Arbeitszeit, sondern nach soften Faktoren, wenn sie sich nach einem Arbeitgeber umsehen.

Fazit

Projekte sind heute oft so vielschichtig, dass ein eindimensionaler Zugang nicht genügt. Experten aus verschiedenen Bereichen müssen zusammenarbeiten. Das fördert neben dem Austausch von Wissen auch eine positive Unternehmenskultur. Geschäftsführer und Vorstände haben das erkannt und treiben entsprechende Initiativen heute voran. Um Mitarbeiter aus verschiedenen Abteilungen und Ebenen besser zu vernetzen, brauchen Unternehmen neue Lösungsansätze.

Die digitale Transformation beginnt bei den Personalern

von Isabella Pridat-Zapp

Laut des Global Human Capital Trends Report von Deloitte sind nur 22 Prozent der Geschäftsführer der Ansicht, dass sich ihre Personalabteilung an die Anforderungen ihrer sich wandelnden Belegschaft anpasst. Dies ist eine erschreckend niedrige Zahl, die darauf hindeutet, dass viele Unternehmen Gefahr laufen, die Anforderungen und Wünsche jüngerer Mitarbeiter nicht zu erfüllen. Wird Europa als Folge hiervon mit einer Belegschaft enden, der es an Motivation fehlt?

Dies ist gerade jetzt besonders problematisch, da nun mit der Generation Z – Menschen im Alter von 19 Jahren oder jünger – eine neue Gruppe in das Arbeitsleben eintritt. Bereits bei den Mitarbeitern der Generation X erlebten wir wesentliche Veränderungen, die eine große Verschiebung in Richtung der Nutzung neuer Technologien mit sich brachten. Zum ersten Mal in der Geschichte gibt es vier verschiedene Generationen in der arbeitenden Bevölkerung: Babyboomer, Generation X, Millennials und die junge Generation Z.

Die Studie „4G Workplace", die von Coleman Parkes Research durchgeführt und von Ricoh Europe gesponsert wurde, zeigt die Schwierigkeiten von Unternehmen bei der Erfüllung der Anforderungen dieser vier Generationen. Mehr als die Hälfte der Befragten (52 Prozent) geben an, dass ihre Unternehmen die Anforderungen einer Mehr-Generationen-Belegschaft nicht erfüllen können.

Jetzt ist der Zeitpunkt für Manager gekommen, folgendes in jeden Bereich ihres strategischen Denkens einzubeziehen:

- Ergonomie in sämtlichen Bereichen
- Technologische Innovation
- Demographie am Arbeitsplatz
- Arbeitsnetzwerke

Moderne Mitarbeiter erwarten, dass ihr Arbeitgeber ihnen ausgereifte Technologien, optimierte Prozesse und moderne Arbeitsweisen anbietet. Ein Großteil der Geschäftsführer hat bereits erkannt, dass sie sich schnell auf Veränderungen einstellen und vollständig zu einer digitalen Arbeitsweise übergehen müssen. Eine solche Veränderung führt zur Implementierung modernerer Systeme und Tools, mit denen Mitarbeiter ihre Arbeit effizienter erledigen können.

Ingo Wittrock, Head of Marketing, Ricoh Deutschland erklärt:

„Der Informationsaustausch war früher einfacher, als viele Unternehmen nur über ein Büro verfügten, in denen sich Mitarbeiter problemlos von Angesicht zu Angesicht austauschen konnten. Dies wurde jedoch aufgrund gestiegener Globalität und Mobilität immer schwieriger, weil nun mehr Menschen über verschiedene Länder und Zeitzonen hinweg zusammenarbeiten. Dieses Problem wird sich auf dem Weg in die nächste Phase der Arbeitsplatzumgebung noch verstärken. "

Zur Priorität in Unternehmen wurde die Digitalisierung jedoch nicht nur durch den Wunsch nach einem schnelleren Kundenservice und der digitalen Arbeitsweise der Generation Y. Ein weiterer Faktor ist das E-Government-Ziel der Europäischen Union. Demnach sollen mindestens 50 Prozent der Bürger und 80 Prozent der Unternehmen bereits in diesem Jahr digital mit öffentlichen Behörden interagieren.

Vor diesem Hintergrund ist es wichtig zu analysieren, wie sich die Anforderungen der Mitarbeiter auf dem weiteren Weg ins digitale Zeitalter verändern. Eine der größten Herausforderungen für Unternehmen sind die Unterschiede im Hinblick auf Arbeitsstile.

Abgesehen vom Gehalt sind die Hauptanziehungspunkte für Generation Z ein ausgewogenes Verhältnis zwischen Berufs- und Privatleben (48 Prozent), die Zusammenarbeit mit hervorragenden Mitarbeitern (47 Prozent) sowie flexible Arbeitszeiten, gute Sozialleistungen und Jobsicherheit (jeweils 42 Prozent). Ältere Generationen verlangen nicht nur weniger von Arbeitgebern, sondern haben auch andere Prioritäten. Die Jobsicherheit ist für Babyboomer am wichtigsten, während ein ausgewogenes Verhältnis zwischen Berufs- und Privatleben für Generation X und Millennials die höchste Priorität hat.

Arbeitskräfte von heute sind anspruchsvoll wie nie zuvor. Sie erwarten von ihrem Arbeitgeber standardmäßig im digitalen Zeitalter eine Umgebung mit modernster Technologie, optimierten Prozessen und neuen Arbeitsweisen. Die Ausbreitung von dynamischen technologischen Zusammenschlüssen in Großbritannien, wie z. B. Tech City in East London und Silicon Beach in Bournemouth, ist Teil eines neuen Arbeitstrends, der im Grunde die geniale Idee nutzt, die hinter dem 1940 entstandenen Silicon Valley steckt. Akademien der Stanford University hatten damals erkannt, dass gleichgesinnte Menschen, die eng zusammenarbeiten, von den Ideen der anderen profitieren und sich gegenseitig inspirieren. Dieser offene und dynamische Unternehmensansatz könnte eine wesentliche Rolle bei der Gestaltung des zukünftigen Arbeitsplatzes spielen.

Die gute Nachricht ist, dass 88 Prozent der Mitarbeiter über alle vier Generationen hinweg das Potential einer Mehrgenerationenbelegschaft erkennen. Arbeitgeber müssen jedoch die Zusammenarbeit fördern. Im heutigen umkämpften Markt, in dem der Kampf um Spitzentalente immer härter wird, muss die Anpassung an eine Belegschaft der vier Generationen ganz oben auf der Geschäftsagenda stehen.

Die vierte Ausgabe der Deloitte Global Human Capital Trends Studie 2016 zeigt, dass sich nicht nur der Personalbereich sondern auch die gesamte Organisation neustrukturieren muss.

In der Studie „Human Capital Trends 2016" nennt Deloitte vier kraftvolle Treiber – vom demographischen Umbruch und dem Aufstieg der digitalen Technologie bis zur rasanten Businessmodell-Innovation und gesellschaftlich getriebenen Entwicklung der Arbeitgeber-Arbeitnehmer Beziehung – die die Veränderung von HR-Funktionen und ihren Organisationen erzwingen:

1. Technologie und Digitalisierung überall
2. demographischer Umbruch
3. immer schnellere Veränderung der Wirtschaft
4. neue Vertragsmodelle zwischen Arbeitgebern und Arbeitnehmern

Im Jahr 2016 nahmen über 200 deutsche Führungskräfte an der Studie teil, davon 66% aus dem Personalbereich. Bezüglich der HR Kompetenzen bestätigten 38%, dass Personaler derzeit ihre Kompetenzen aufrüsten, um aktuellen Anforderungen gerecht zu werden - dagegen sagten nur 6%, dass Personaler exzellent vorbereitet seien, um ihre Programme auf die Unternehmensziele abzustimmen. Diese aktuellste Umfrage von Deloitte ergab ferner als 5 wichtigste HR-Trends in Deutschland:

1. Führung, Organisationsstruktur, Engagement (84%)
2. Kultur und Lernen (82%)

Als Sonderthema hat Deloitte in der Umfrage 2016 unter den deutschen Teilneh-mern die Flüchtlingsintegration eingeführt mit Bezug auf regulatorische Wissenslü-cken im HR-Bereich. Nur 15% der Befragten geben an, sich auf die Flüchtlingsinte-gration gut vorbereitet zu fühlen.

Diese Unsicherheit ist auf zahlreiche Barrieren zurückzuführen, die von den Unter-nehmen wahrgenommen werden. Allen voran werden die Sprachdefizite als Hin-dernisse angesehen (69%) gefolgt von fehlenden regulatorischen und gesetzlichen Fachkenntnissen (46%) sowie Komplikationen bei der Anerkennung von Bildungs-abschlüssen (41%). Aber auch Themen wie kulturelle Unterschiede und fehlendes Führungs- und HR-Verständnis führen zu Herausforderungen bei der Integration. Lediglich 4% nehmen keine Schwierigkeiten wahr.

Deloitte fasst die gewonnen Erkenntnisse wie folgt zusammen:

„Effektive Organisationen von heute basieren auf eigenständig arbeitenden Teams, werden durch ein neues Managementmodell getrieben und von global agierenden Führungskräften geleitet. Sie „differenzieren sich durch Design"."

Literatur:

http://d2mtr37y39tpbu.cloudfront.net/wp-content/uploads/2015/08/DUP_
   GlobalHumanCapitalTrends2015.pdf

http://thoughtleadership.ricoh-europe.com/de/future-of-work/meeting-
   expectations-of-demanding-workforce/

https://www2.deloitte.com/de/de/misc/search.html#qr=global%20human%20
   capital%20trend

Der Chief Digital Officer – eine zeitgemäße Innovation

von Burgy Zapp von Schneider-Egestorf

Es handelt sich bei dieser Tätigkeit nicht um ein neues Etikett auf einer alten Flasche. Die McKinsey Autoren Tuck Rickards, Kate Smaje, and Vik Sohoni bezeichnen den CDO in ihrem gleichnamigen Beitrag aus September 2015 als „Transformer in Chief" also zuständig für die Unternehmens-Transformation.

Dieser befasst sich heute, so die Autoren, nicht mehr nur mit der Einführung grundlegender digitaler Technologien und ein paar Schulungen sondern koordiniert und managt umfassende Veränderungen im Unternehmen von deren internen und externen Kommunikationswegen und Arbeits-Methoden und -Abläufen bis hin zum „Erfinden" neuer Geschäftzweige und Produkte.

Bei der Recherche für diesen Beitrag wurde mir klar, dass ich in den vergangenen 17 Jahren meiner beruflichen Tätigkeit ziemlich genau diese Tätigkeit ausgeübt habe – auch wenn es diesen Begriff damals natürlich noch nicht gab, – und auch nicht für einen großen Konzern sondern für einen ganz kleinen IT-Fachverlag.

Dass es sich um einen Verlag handelte ist nicht überraschend, denn diese Unternehmen mussten sich schon sehr frühzeitig den Herausforderungen der neuen Medien stellen, um zu überleben. So gründete ich mit voller Überzeugung für die Nutzung durch „meinen" Verlag ein Fach-Forum, das sich bis heute sehr gut weiterentwickelt hat – in eigener Regie, da die Geschäftsleitung in Deutschland und USA damals in 1997 noch keinen ausreichenden ROI erkennen konnte. Wir trafen eine Vereinbarung über Teilung von Kosten und Einnahmen.

Inzwischen kamen natürlich viele weitere digitale Kommunikationswege und digitale Produkte, u. a. bei Amazon, hinzu für die ich nicht mehr so viel Überzeugungsarbeit leisten musste, zumal die Geschäftsleitung in USA und Deutschland selbst über IT-Ausbildung verfügte.

Auch die Notwendigkeit der digitalen Weiterbildung der Mitarbeiter zur Verbesserung der Performance und Zufriedenheit lag der Geschäftsleitung in USA und Deutschland in diesem kleinen Betrieb unmittelbar vor Augen und meine Software-Einführungen und Schulungsvorstellungen durch mich und externe Berater wurden problemlos akzeptiert.

Chief Digital Officer - Community / Club

ChiefDigitalOfficer.net definiert sich als Vereinigung von Fachleuten, deren Zuständigkeit Teile der Bereiche Unternehmens-Strategie, -Marketing, -Technologie und -Innovation umfasst. Die Seite bietet eine Fülle von Links mit Summaries zu wirklich interessanten aktuellen Beiträgen für CDOs - viele davon referenzieren Studien-Ergebnisse zur Digitalen Transformation, dem IoT und ähnlichen Themen von den führenden global tätigen Research- und Beratungs-Häusern. Ferner gibt es CDO-Events und Jobs. Bei den Jobs fiel auf, dass Deutschland durch Abwesenheit glänzt. Auf LinkedIn hat diese im März 2012 gegründete Gruppe von CDOs und Senior Digital Managers heute schon 1577 Mitglieder.

CDO Club

Der CDO Club - CdoClub.com - ist wohl die erste und größte Vereinigung digitaler Manager mit im Jahr 2015 über 2000 eingetragenen Mitgliedern und weltweiten Veranstaltungen, genannt CDO Summit, mit hochkarätigen Sprechern, meist aus den Rängen der Konzern- CDOs. Diese Veranstaltungen scheinen, abgeleitet von der steigenden weltweiten Frequenz und Verbreitung in Verbindung mit Teilnahmegebühren um die 700 EUR für 2 Tage, wirklich nützlich und sehr gut akzeptiert zu sein: Veranstaltungsorte z. B. in USA, Canada, UK, Niederlande und Australien.

CDO Summits

In aktuellen CDO Summits trugen u.a. folgende Keynote-Sprecher Ihre Erfahrungen vor: Patrick Hoffstetter: Chief Digital Officer, Directeur Digital Factory at Renault und Sean Cornwell, Chief Digital Officer at Travelex mit "Insights and Learning from Travelex's Transformation" sowie Stefanie Waehlert, Chief Digital Officer bei TUI Deutschland.

Der CDO Club gibt auf seiner Webseite aktuell im Vorjahresvergleich im 3. Jahr in Folge eine Verdoppelung der Zahl der Chief Digital Officers im Jahr 2015 auf 2000 CDOs weltweit an, wovon wohl hunderte in UK zu finden sind. Die meisten dürfte es – schließend aus den ungefähr passenden Job Angeboten auf beiden bisher genannten Seiten – immer noch in den USA geben, was auch an der geographischen Lage der Headquarters der größten globalen Konzerne liegen kann und daran, dass CDOs wohl meist im HQ tätig sind.

Job Titel

Interessant ist in diesem Zusammenhang auch, dass die Personalabteilungen zwar auf diesen WebSites inserieren, aber die meisten Job-Titel dieser Suchanzeigen noch dem traditionellen Paradigma angehören. Vielleicht hat in diesen Unternehmen mangels CDO noch kein ausreichend tiefgreifender Verständnis-Shift in Richtung Digitales Unternehmen stattgefunden. Man kann spekulieren: Vielleicht wird auch wirklich nur zum Beispiel ein Marketing Manager mit Wissen zu digitalem Marketing gesucht.

Die Mitglieder des CDO Club haben aktuell unter anderem folgende Titel / Funktionen: Chief Digital Officers, Chief Data Officers, Chief Analytics Officers, Chief Marketing Officers, Chief Marketing Technologists, Chief Information Officers, Chief Technology Officers, Chief Human Resource Officers, Chief Executive Officers, Board Directors

Aufgaben

Über die Aufgaben eines Chief Digital Officer haben neben McKinsey auch schon Gartner mit „Chief Digital Officer is the next hot executive title", Mediabistro mit „What does a CDO do anyway", Forrester Research, DeloitteDigital und andere Research Unternehmen geschrieben.

Der CDO muss mit allen Unternehmensbereichen zusammenarbeiten unabhängig davon, ob diese letztendlich von der digitalen Transformation erfasst werden oder eventuell nicht. Da Veränderungen meist zu Unruhen unter den Mitarbeitern führen, ist frühzeitige Information und Einbeziehung wie bei allen Veränderungsprojekten sehr wichtig. Besonders intensive Zusammenarbeit muss mit der IT-Abteilung auf permanenter Basis verankert werden. Viele Projekte werden, auch in puncto Budgetzuordnung, eine enge Zusammenarbeit mit dem CIO und EDV-Leiter bedingen. Für die Marketing-Verantwortlichen gilt dasselbe.

Unter den Fachabteilungen ist auch die Personalabteilung von herausragender Bedeutung, da die Digitale Transformation von den Mitarbeitern getragen werden muss - den gegenwärtigen durch Talent Management / Weiterbildung und den künftigen. Die Suche nach den passenden neuen Mitarbeitern ab der fiktiven Stunde Null der digitalen Transformation kann nur eine Personalabteilung optimal gestalten, die die Erfordernisse der digitalen Transformation im Ganzen verstanden hat. Hierfür müssen Bewerber-Kriterien und der Auswahlprozess angepasst werden. Da das Unternehmen von einer langjährigen Bindung geeigneter Mitarbeiter am meisten profitiert, muss der CDO der Personalabteilung ferner Zukunfts-Szenarien zu Beschäftigten- Strukturen und möglichst genaue Daten zu diesen aufbereiten und zur Verfügung stellen. Dasselbe gilt analog für andere Fachabteilungen.

Beispielhaft sei hier eine sehr umfassende Modell- Studie der University of Oxford aus 2013 erwähnt: „THE FUTURE OF EMPLOYMENT: HOW SUSCEPTIBLE ARE JOBS TO COMPUTERISATION?"

Die Studie kommt zu dem Schluss, dass innerhalb des Zeitraums bis 2020 circa 47 % aller Job-Positionen in den USA durch Software und Roboter übernommen werden.

Die Autoren fassen zusammen: „Unser Modell sagt vorher, dass die meisten Mitarbeiter der Bereiche Transport und Logistik sowie ein Großteil der Beschäftigten in den Büros und Verwaltungen sowie Arbeiter in der Produktion das Risiko laufen, ihre Jobs zu verlieren." Auch viele Positionen im Dienstleistungssektor fallen in diese Risikogruppe.

Pauschal ausgedrückt wird in der Zusammenfassung gesagt, dass mit dem technologischen Fortschritt müssen Beschäftigte mit niedriger oder durchschnittlicher Ausbildung auf Positionen ausweichen, die Skills erfordern, die gegen Computerisierung immun sind, also Tätigkeiten die Kreativität und soziale Intelligenz erfordern.

Dieser Vorgang wird sich nicht von heute auf morgen vollziehen. Aber in Anbetracht der Tatsache, dass eine Umschichtung der Personal-Struktur eines Unternehmens unter optimaler Berücksichtigung der Aspekte Kosten und Betriebsklima viele Jahre dauert, gehört es zu den Aufgaben eines CDOs, die Personalabteilung ebenso wie andere Fachabteilungen vorausschauend zu informieren.

Fähigkeiten des CDO

Der CDO verfügt über

- *viel Kreativität und Neugier für Neues,*
- *hohen technischen Skill,*
- *hohes wirtschaftliches Verständnis,*
- *sehr gute psychologische Fähigkeiten und Mut.*

Die Kreativität muss auf der soliden Basis des technischen Verständnisses der Möglichkeiten und Machbarkeiten ruhen, die aus eigener Programmier- und/oder Datenbank-Erfahrung erwachsen, ergänzt durch Kenntnis der neuesten Technologien und der noch in Entwicklung befindlichen Technologien (Trends erkennen).

Das wirtschaftliche Verständnis wird zu neuen Produkt- und Vertriebs-Ideen unter Vermeidung von Fehlinvestitionen führen. Networking mit Kollegen und Aussenstehenden ist nicht nur für den kreativen Prozess sondern auch für die Akzeptanz der Neuerungen unabdingbar.

Beispiel:

Aus heterogenen Daten gewonnene Einblicke in Kundenwünsche erfordern Verständnis für die Formulierung von Abfragen, Verständnis für die Schwächen von Computer-Auswertungen (selbst Watson ist ein Computer, kein Hellseher) sowie die permanente Interaktion mit Verkäufern und Call-Center Mitarbeitern.

Braucht das Unternehmen einen Chief Digital Officer?

Zur Beantwortung dieser Frage hat McKinsey die folgenden 5 Fragen formuliert:

1. Unterliegt das Industriesegment meines Unternehmens jetzt oder in naher Zukunft wesentlichen Änderungen?
2. Ist das Unternehmen soweit, dass die grundlegenden digitalen Experimente hinter ihm lieben und eine tiefgreifende und umfassende Transformation in Angriff genommen werden kann?
3. Ist mein Unternehmen soweit, dass seine Bemühungen in Richtung digitale Transformation intern und extern kommuniziert werden können?
4. Brauchen wir eine disruptive Einflussname durch jemanden, der objektiv und überzeugend aus einer „digital-first" Perspektive den Status quo in Frage stellen kann?
5. Ist das aktuelle Team der Unternehmensleitung in der Lage die Digitale Transformation anzuschieben und die Realisierung vollständig durchzuführen, zu

überwachen und fortzuführen?

Literaturhinweise

- http://cdoclub.com/renault-chief-digital-officer-patrick-hoffstetter-to-keynote-amsterdam-cdo-summit/

- http://cdoclub.com/chief-digital-officer-sean-cornwell-explains-digital-transformation-at-cdo-summit-amsterdam/

- http://betanews.com/2012/10/22/chief-digital-officer-is-thenext-hot-executive-title-says-gartner

- http://www.chiefdigitalofficer.net/category/strategy-insights/

- http://www.cio.com/article/2998643/cio-role/how-to-succeed-at-digital-transformation.html

„Arbeitswelt 4.0" ist in vielen Personalabteilungen noch nicht angekommen

Bericht Agentur ohne Namen, Melanie Vogel

Die Bonner AGENTUR ohne NAMEN führt alljährlich den „HR Future Trend" durch, eine Befragung unter Personalverantwortlichen deutscher Unternehmen, um die Trends und Themen zu erfassen, mit denen sich Corporate Germany aktuell befasst.

„Als Veranstalter der women&work haben wir schon vor sechs Jahren auf Zukunftstrends gesetzt", sagt Melanie Vogel, Geschäftsführerin der Agentur. „Uns interessierte ... , wie Personalverantwortliche die Veränderung der Arbeitswelt im Windschatten von Industrie 4.0 und einer weiter zunehmenden Digitalisierung bewerten."

Am „HR Future-Trends 2015" haben insgesamt 91 Unternehmen aus Deutschland teilgenommen. Von den 91 teilnehmenden Unternehmen gaben 50% an, über 5.000 MitarbeiterInnen zu haben. Die Belegschaftsgröße bei 37% der Befragten liegt zwischen 1.000 und 5.000, bei 10% zwischen 500 und 1.000 und bei 3% zwischen 100 bis 500 MitarbeiterInnen. Die teilnehmenden Unternehmen sind in verschiedenen Branchen tätig. Schwerpunktmäßig waren jedoch die Branchen „Chemie, Pharma, Biotechnologie" und „Dienstleistungen allgemein" vertreten. Von den HR-Verantwortlichen, die die Umfrage „Future-Trends 2015" beantworteten, waren

87% weiblich, 13% männlich. Der Großteil gab an, jünger als 30 Jahre alt zu sein (37%), 27% waren zwischen 31 und 40, 19% zwischen 41 und 50 und 17% zwischen 51 und 60 Jahre alt.

Diese Umfrage fokussierte sich auf den Schwerpunkt „Change" und die Frage, wie gut die Unternehmen auf die kommenden (Arbeitsmarkt-)Veränderungen – hervorgerufen nicht nur durch „Industrie 4.0", sondern auch durch den demografischen Wandel – vorbereitet sind.

Auf die Frage, wieviel Prozent der Belegschaft aus den jeweiligen Unternehmen in den kommenden fünf Jahren in den Ruhestand gehen würden, ergab sich folgendes Bild:

DEMOGRAFISCHER SHIFT

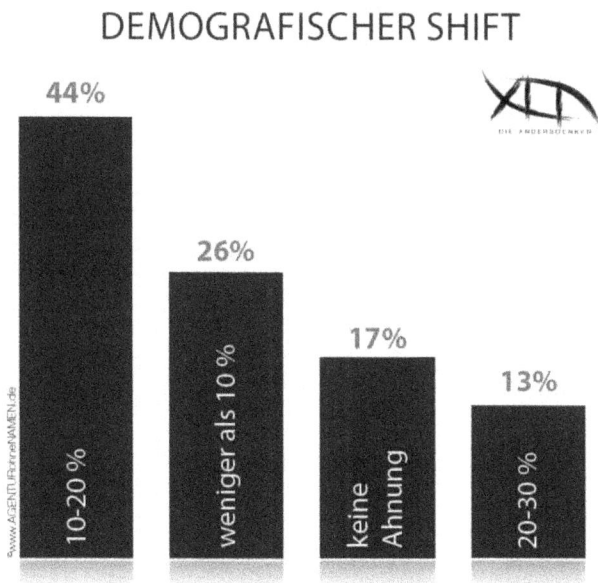

Deutlich wird, dass ein Großteil der Unternehmen in den kommenden Jahren verstärkte Abgänge verzeichnen wird. Auffällig ist, dass 17% der befragten Unternehmen angaben, keine Ahnung zu haben, wie sich ihre Belegschaft in den kommenden fünf Jahren verändern wird.

Zusätzlich wurde abgefragt, wie hoch der durchschnittliche Krankenstand in den Unternehmen sei, denn bei vielen Menschen bleiben Change Management-Prozesse und eine VUCA (volatil, ungewiss, komplex und mehrdeutig) gewordene Welt nicht ohne Nebenwirkungen. Auch bei dieser Frage ergab sich ein eindeutiges Bild: In 40% der befragten Unternehmen liegt der Krankenstand unter 5%, bei 50% der befragten Unternehmen liegt er jedoch zwischen 5 und 10% und auch hier gaben immerhin 10% der Personalverantwortlichen an, über die Höhe der durchschnittlichen Krankenstände nicht informiert zu sein.

Darüber hinaus wurden die HR-Verantwortlichen gebeten anzugeben, welche fünf Kompetenzen ihrer Meinung nach in Zukunft an Bedeutung und Relevanz im Arbeitsleben gewinnen werden. Fünf Kompetenzen konnten aus einer vorgegebenen Liste von insgesamt 17 Kompetenzen ausgewählt werden. Die Top 3 der wichtigsten Kompetenzen sind:

Wenig überraschend führt die Veränderungskompetenz mit 87% die Liste der Zukunftskompetenzen an, gefolgt von interkultureller Kompetenz (77%) und Kooperationsfähigkeit (60%).

Ganz überraschend unwichtig sind jedoch auf der anderen Seite die "körperliche Fitness" (3%), aber auch die „geistige Fitness" wurde nur von 27% der Befragten als wichtige Kompetenz angesehen. „Mens sana in corpore sano" – in einem gesunden Körper steckt ein gesunder Geist – spielt offensichtlich in den Unternehmen keine Rolle.

ZUKUNFTSKOMPETENZEN

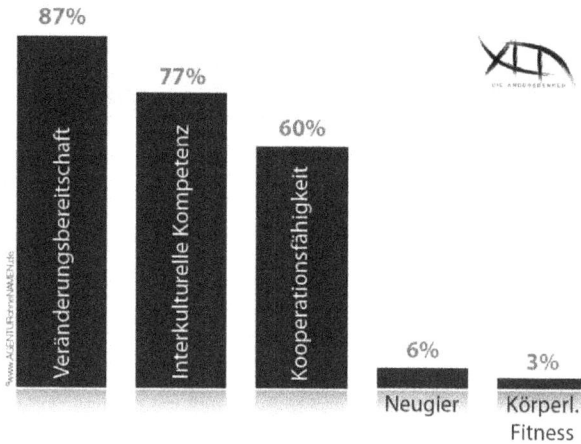

Aber auch Neugier wurde nur von 6% der Befragten als wichtige Zukunftskompetenz angesehen. Wer jedoch Veränderungsbereitschaft verlangt, müsste konsequenterweise der Neugier eine höhere Wichtigkeit einräumen. Denn wer nicht in einem gewissen Maße neugierig bleibt, wird sich mit Veränderungen schwer tun, ihnen vielleicht sogar mit Widerstand begegnen. Neugier ist ein elementarer Treiber menschlichen Explorationsverhaltens und Grundvoraussetzung, um überhaupt querdenken zu können (Querdenken wurde von 57% der Unternehmen als wichtig erachtet).

Doch ein weiterer Punkt ist auffällig: Gefragt wurde nämlich auch, welche Eigenschaften den Unternehmen bei Führungskräften wichtig sind. Und wenn als wichtigste Zukunftskompetenz die Veränderungsbereitschaft ganz oben steht, hätte man annehmen können, dass sich das auch in den gewünschten und erwarteten Eigenschaften der Führungskräfte widerspiegeln müsste. Doch dem ist nicht so. "Veränderungsbereitschaft" landet in der Liste der Eigenschaften, die als „sehr wichtig" erachtet werden, nur auf Platz 6.

TOP 5

„SEHR WICHTIGE" EIGENSCHAFTEN VON FÜHRUNGSKRÄFTEN

	Kriterium
1	Kommunikationsfähigkeit
2	Zielorientierung
3	Verantwortungsbewusstsein
4	Loyalität
5	Kooperationsfähigkeit

Flexibilität und Belastbarkeit, die wichtige Fähigkeiten darstellen, um überhaupt veränderungsbereit sein zu können, sind nur 47% bzw. 43% der Befragten „sehr wichtig". Und „Kreativität" – eine der Kernkompetenzen der „Kreativwirtschaft" und eine elementare Voraussetzung für Innovationsfähigkeit in einer wettbewerbsorientierten VUCA-Welt – ist auf dem 19. und damit auf dem letzten Platz gelandet.

Dass „Industrie 4.0" noch nicht flächendeckend in den HR-Abteilungen angekommen ist, darauf lassen die Antworten auf eine weitere Frage schließen. Abgefragt wurde, wie die Befragten persönlich das Thema „Industrie 4.0" bewerten. Die Antwort:

Ein Drittel der Befragten stuft „Industrie 4.0" als bedrohlich ein bzw. hat von dem Thema noch nie etwas gehört. Das darf angesichts der rasanten Entwicklung, die Industrie 4.0 bereits im Ausland nimmt, Anlass zur Sorge sein. Die Personalabteilungen können entscheidenden Einfluss darauf nehmen, wie human die kommenden Change Prozesse ablaufen, wie langfristig Mitarbeitende und Führungskräfte auf den Shift vorbereitet werden und mit welchen Maßnahmen den Menschen in den Unternehmen Angst und Sorge vor den kommenden Veränderungen genommen werden. Nicht wissen schützt nicht vor Verantwortung.

„Ich glaube, dass hier noch ein großer Informationsbedarf von Nöten ist, um Chancen und Risiken der neuen Arbeitswelt in die Unternehmen zu transportieren", ist sich Melanie Vogel sicher. „Unternehmen, die diesen Wandel verschlafen, dürften in wenigen Jahren nicht mehr wettbewerbsfähig sein und unter massivem Veränderungs- und Innovationsdruck leiden."

Das digitale Wunderkind:

Die vielen Gesichter des Chief Digital Officers und ihr Einfluss auf das Marketing von heute

von Anne Schüller, Expertin für Kundenkontaktpunkt-Management, und Jens Rode, Marketing-Experte und CEO Tellja

Schnelllebigkeit bestimmt nicht nur unseren persönlichen Alltag, sondern auch das Wirtschaftsleben und damit die Überlebensfähigkeit der Unternehmen. Bereits seit einigen Jahren setzen Entscheider daher auf die Expertise von sogenannten Chief Digital Officern (CDO), die mit strategischem Weitblick die digitalen Geschicke der Unternehmen lenken sollen.

Akteure aus den Bereichen Medien, Technologie, E-Commerce oder Telekommunikation stehen bereits an der Spitze der digitalen Innovation. Eine andere Wahl hatten sie auch nicht. Mit Digital Natives als Kunden müssen sie sich mit ihren Produkten und Services stets am Zahn der Zeit bewegen.

Aber für Unternehmen in anderen Sektoren, seien es zum Beispiel Anbieter medizinischer Geräte oder Reiseveranstalter stellt das digitale Zeitalter die Frage, wie sich digitale Technologien nun anwenden lassen, um einzigartige Kundenerlebnisse zu schaffen. Denn der Druck auf die Entscheider durch die Disruption digitaler Entrepreneure wächst zunehmend.

Name the Game:
Willkommen im digitalen Zeitalter

Als Gamechanger sind CDOs aufgerufen, vorhandene Mindsets aufzubrechen und mittels neuer Technologien in zukunftsweisende Richtungen zu lenken. Als treibende Kraft und in ihrer Rolle als digitaler Botschafter innerhalb des Unternehmens verantworten sie den Aufbau einer völlig neuen Innovationskultur. Angesichts dieser Aufgabe bewegen sich die CDOs nicht nur auf dem technischen und datagetriebenden Parkett, sondern ergänzen ihre Marketing-Kollegen mit Impulsen für Social Media, mobilen oder anderen interaktiven Marketing-Aktivitäten an den Customer-Touchpoints, um neue Maßstäbe im Kundenerlebnis und in der Customer Journey zu setzen. Doch CDO ist nicht gleich CDO: Ein einheitliches Rollenprofil hat sich über die Jahre nicht durchgesetzt und variiert von Unternehmen zu Unternehmen als auch branchenübergreifend. Denn zu groß ist die Bandbreite an Aktionsfeldern und wichtigen Einsatzorten innerhalb der Organisationsstruktur.

Grob lassen sich drei Wirkungsbereiche clustern:

Innovator mit Vorbildcharakter

Als Digital Native ist der CDO vor allem dort am besten platziert, wo Kunden immer bequemere, maßgeschneiderte Lösungen erwarten. Mit seiner Expertise und entsprechendem Weitblick erkennt der CDO, wie sich die vorhandenen Touchpoints verändern müssen und welche neuen Kanäle in der Kundenkommunikation aufgemacht werden können. Insbesondere letzteres eröffnet den digitalen Vordenkern eine ungeahnte Spielwiese, auf der radikal und in völlig neue Richtungen gedacht werden kann. Durch diese Art von Design Thinking und Prototyping haben Unternehmen wie Siemens, Volkswagen oder die Deutsche Bahn ihre Produkte innoviert und Angebote wie AirBnB den Weg geebnet. Hier zeigt sich, warum sich CDOs als wertvolle Investition in die Zukunft erweisen: In Kombination von Cloud und Big Data lassen sich Märkte neu interpretieren und erschließen.

Des Kunden bester Freund

Die Herausforderung des digitalen Wandels besteht für viele Unternehmen in der Umsetzung ihrer Markenwerte in der Onlinewelt. Was offline funktioniert, lässt sich nicht immer so einfach eins zu eins online adaptieren. Auch hier kommt der CDO ins Spiel: einerseits um im Unternehmen für das Onlinesegment Verständnis zu schaffen und andererseits um die digitale Conversion der Customer Journey sicherzustellen und zu optimieren. Als Kundenversteher weiß der Experte, was die Kunden wollen, wonach sie suchen und anhand welcher Kriterien Kaufentscheidungen getroffen werden. Gepaart mit seinem Marketing-Know how entwickelt er neue Erlebnisräume, abseits von klassischer Werbung. Zwar spielen online Affiliates, Social Media und Content Marketing sowie SEA noch immer eine übergreifende Rolle innerhalb der Aktionsplanung. Doch er weiß, dass die Verbraucher heute kritisch sind und sich immer weniger von Werbebotschaften beeinflussen lassen. Ein Indiz für diese anhaltende Entwicklung ist die steigende Verbreitung von Adblockern. Der CDO geht hier einen Schritt weiter und integriert erfolgreiche Formate des Mundpropaganda- und Empfehlungsmarketings in die digitalen Wachstumstreiber. Viele Unternehmen setzen längst auf den Kunden als Multiplikator: Begeisterte Anwender werden zu vertrauenswürdigen Markenbotschaftern, die potentielle Neukunden begeistern.

Der CDO spielt also auf der Klaviatur der digitalen Möglichkeiten und behält dabei ein Conversion-starkes Marketing im Auge. Er optimiert den digitalen Zugang zum Unternehmen und verantwortet die effiziente Ausrichtung, um die Kunden optimal anzusprechen. Entscheidend ist hier der Weg vom Bedürfnis bis zur finalen Kaufentscheidung, die nur mit positiven Eindrücken letztlich in Zufriedenheit und Wiederkäufen mündet. Digitalisierungsmanager erkennen und entwickeln entlang der Online-Kundenreise, welche digitalen Touchpoints die analogen Kontaktpunkte unternehmensbezogen ergänzen können. Sämtliche Touchpoints müssen dabei eine synchronisierte, markenkonforme und nahtlose Kundenerfahrung schaffen. Hier kommen wiederum innovative Technologien zum Einsatz, um eine starke emotionale Verbindung zur Marke zu schaffen, die auf neue Kunden, ihre Loyalität und das Weiterempfehlungsverhalten einzahlt.

Der digitale Bauleiter

Als Allrounder verantwortet der CDO nicht nur Marketing und Sales, sondern bringt die interne Struktur mit ihren Prozessen auf digitalen Kurs. Hier entfaltet sich der umfangreichste Aktionsradius. Sind, wie eingangs erwähnt, schon technologiegeprägte Branchen in der Transformation weit vorangeschritten, zeigen sich bestimmte klassische „Old Economy"-Sektoren wie zum Beispiel die Versicherungsbranche, Banken aber auch Möbelhäuser, Logistik oder Handwerk noch skeptisch über die Notwendigkeit des Wandels und stellen die tatsächliche Effizienz der Neustrukturierung in Frage. Hier ist Überzeugungskraft gefragt. Denn gerade für diese Industriezweige ergeben sich wertvolle Potentiale für straffere Prozesse mit deutlich spürbaren Zeit- und Kostenersparnissen und geringeren Fehlerquoten. Aggregierte Daten aus automatisierten Prozessen und Schnittstellenanalysen liefern dem CDO gezielte Hinweise, welche Hebel wo angesetzt werden müssen. Bleiben diese Veränderungen dem Kunden gegenüber meist unsichtbar, liefern sie aber einen entscheidenden Beitrag für eine erfolgreiche Customer Journey und zusätzliches Geschäft in der Zukunft.

Die Etablierung von CDOs ist daher für alle Unternehmen, die sich der digitalen Transformation stellen, eine folgerichtige Investition. Einige Unternehmen haben schon vor Jahren reagiert, wie z.B. TUI, Media-Saturn, Gruner+Jahr oder der Hamburg Port Authority. Mit dem richtigen Pionier an der Seite lassen sich Marktveränderungen und strategische Neuausrichtungen spielend meistern.

Der Business Impact von „New Work"

Warum wir ein neues Mindset brauchen

von Dr. Ralf Grässler

New Work beschreibt (unter anderem), wie sich Technologie im Rahmen der digitalen Transformation wandelt und wie sich dadurch Arbeit verändert. Um diese Impulse für unser Business zu nutzen müssen wir verstehen, dass „diese Digitalisierung" genau das bewirkt, was wir im Anwendungskontext daraus machen. Logisch? Schauen wir mal.

Ein Denkanstoß.

Kennen Sie jemanden, der ein iPad hat und es nicht benutzt? Ich nicht. Wenn ich Sie aber jetzt nach Unternehmen frage, die in aufwändigen Projekten neue Software und Systeme einführen, die dann von den Mitarbeitern nicht akzeptiert und damit nur partiell eingesetzt werden? Da fallen Ihnen sicherlich viele Beispiele ein, man hört es (leider) immer wieder. Ich frage mich – warum ist das so?

Warum schaffen wir es im privaten Umfeld, moderne, offene Technologien anzuwenden und vernetzt zu kommunizieren, Wissen dort abzurufen, wo es aktuell verfügbar ist, uns an schönen Oberflächen oder sexy Technologien zu erfreuen und im Büro nicht? Was bremst den intuitiven, spaßgesteuerten Umgang mit Technologie im Unternehmensumfeld aus?

Das Unternehmensumfeld selbst. Hierarchische Strukturen, enge Stellenbeschreibungen, „gewachsene" Aufgabenbereiche, die nicht den Kompetenzen entsprechen, verkrustete Denkweisen und die systemimmanente Unfähigkeit, Verantwortung zu übertragen und zu übernehmen. Ergo – das fehlende Verständnis dafür, dass moderne Interaktionstechnologie durch moderne Interaktion befähigt werden muss. Die größte Herausforderung der digitalen Transformation ist damit nicht die Technik, sondern die Kultur. Wir HABEN bereits die innovativen, kollaborativen HR-Technologien, mit denen sich die Zusammenarbeit von Menschen und die Transparenz von Informationen neu gestalten lässt. Aber die können wir nur nutzen, wenn Unternehmen ihre Kultur und Struktur auf Zusammenarbeit (=Collaboration) ausrichten. So ist zumindest unsere Erfahrung bei VEDA:

Die technologische und kulturelle Entwicklung im Rahmen der digitalen Transformation bilden eine Symbiose – beide Prozesse bedingen und begleiten sich gegenseitig.

Wir brauchen ein neues Mindset

Wer die digitale Transformation als rein technische Herausforderung sieht, der sieht nur die Bäume, nicht den Wald. Die technischen Möglichkeiten des digitalen Wandels bieten einen völlig neuen Handlungsspielraum, der gelernt und gelebt werden muss. Wesentlich ist, dass Collaboration nicht nur eine Form der Kommunikation ist, sondern ein neues Mindset. Der Umgang mit Informationen, mit Kompetenzen, mit administrativen Prozessen – all dies wandelt sich und alle müssen mitgehen. Das Argument, gewerbliche Mitarbeiter seien ohne PC und damit ohne digitale Benutzerkompetenz, hat ausgedient. Sie alle nutzen längst Messenger, Ebay oder Games. In der Unternehmenspraxis sitzen die „Bremser" der neuen Zusammenarbeit an anderer Stelle, nennen wir zum Beispiel den Abteilungsleiter, der seine Assistentin bittet, das Collaboration-Tool für ihn zu bedienen.

Was alle Arbeitnehmer durch die Bank weg lernen müssen, ist digitale Kompetenz – nämlich:

- Offenheit – dem Neuen gegenüber
- Wissen – über die aktive Beschaffung von Informationen
- Können im Umgang mit digitalen Werkzeugen
- Kritik-/Reflexionsfähigkeit
- Erfahrung in der Nutzung digitaler Tools
- Gestaltungswille – Lust an der kreativen Teilhabe

Diese sechs „Tugenden" müssen wir alle üben und perfektionieren. Die Schaffung der digitalen Kompetenz ist Aufgabe und Herausforderung eines jeden und ich bin mir durchaus bewusst, dass das für manche Mitarbeiter einfacher ist und für andere eine fast unlösbare Aufgabe. In jedem Unternehmen, dessen individuellen Weg zur „collaborative Company" wir aktuell betrachten, treffen wir auf ein Spannungsfeld aus digitalen Treibern, digitalen Ignoranten und Blockierern. Viele Mitarbeiter (ausdrücklich gesagt: jeden Alters!) finden die neue Offenheit und die technologischen Möglichkeiten „einfach geil". Genauso viele stehen der Gemengelage „digitale Transformation" und den Möglichkeiten moderner HR-Software kritisch gegenüber. Argumente wie Datenschutz, Kontrollverlust oder Szenarien wie aus „The Circle" führen zu Big-Brother-Ängsten.

Ich glaube, es ist eine zutiefst menschliche Eigenschaft, Neuerungen entweder kritisch oder euphorisch gegenüber zu stehen, das Glas halbvoll oder halbleer zu sehen – schwarz oder weiß vorzuziehen. Ein Beispiel ist für mich der Big-Brother Award, 2016 verliehen in der Kategorie „Arbeitswelt" an IBM Deutschland für ihre Software „Social Dashboard". „Social Dashboard" wertet die Daten aus dem firmeneigenen sozialen Netzwerk aus. Dabei wird jedem Teilnehmer eine Punktzahl für seine „soziale Reputation" zugewiesen. BUH! Böse, Kontrolle, Zwang – eine Gemeinheit. Wirklich? Wieviele von Ihnen haben diesem Award zugestimmt, freuen sich aber über jeden neuen Follower bei Twitter, über jeden Like bei Facebook?

Technologie ist genau das, was man im Anwendungskontext daraus macht. Habe ich eine „Blame and Control"-Kultur, dann wird ein solches System das unter Umständen verstärken und sichtbar machen. Habe ich eine Vertrauens- und

Feedback-Kultur, dann wird das System auch diese verstärken. Aus meiner Sicht gehört es zur Führungsaufgabe dazu, das HR-System „richtig" im Sinne der Betriebskultur einzusetzen. Kommunikationswege zu messen ist richtig, denn die kollaborative Software soll dafür sorgen, dass Mitarbeiter ihr Wissen und ihre Erfahrung innerhalb des Unternehmens weiter geben und mit anderen teilen. Deswegen ist es wichtig zu sehen, wer von Informationen abgeschnitten ist, um „schwarzen Löcher" schnell zu beheben. Sehen Sie – gleiche Funktion, völlig anderes Mindset, wenn ich mit der Chancen- und nicht mit der Risikobrille darauf schaue.

Die Autoren des Buches: Dr. Ralf Gräßler

Dr. Ralf Gräßler ist geschäftsführender Gesellschafter der VEDA GmbH. Er studierte Physik und Wirtschafts-wissenschaften an der RWTH Aachen. Anschließend promovierte er im Bereich der Hoch-energiephysik und war während dieser Zeit überwiegend am europäischen Kernforschungszentrum CERN in Genf tätig. Bevor Ralf Gräßler sich im Jahr 2000 VEDA anschloss, war er fünf Jahre bei A.T. Kearney als Unternehmensberater in den Bereichen Strategie und High Tech Industry tätig. Als Unternehmer bei VEDA beschäftigt er sich insbesondere mit der Digitalisierung von HR und den Auswirkungen der Netzökonomie auf Unternehmensstruktur und -kultur.

Die Chancenbrille habe ich auch immer im Gepäck, wenn ich über die Netzökonomie spreche. Ganz schwierig bleibt die Argumentation, warum die neue, spaß- und sinnorientierte Arbeitswelt auch ein Business Case ist. Wie profitieren Unternehmen wirklich davon, wenn sie eine neue, kollaborative Kultur schaffen und diese mit Technologie begleiten? Nun, was wäre, wenn ich einem Geologen sagen würde, dass er mit meiner tollen Chancenbrille nicht mehr nur 10 Prozent Gesteinsoberfläche sieht, sondern auch all die Sedimentschichten darunter? Der freut sich. Auf Unternehmen übertragen heißt das: Mit einer transparenten Leistungskultur sowie passender Technologie wird Wissen und Können, das normalerweise unter vielen Sedimentschichten von „Habenwirimmersogemacht" bis „NichtmeineAufgabe" verborgen ist, an die Oberfläche geholt. Damit verfügen Sie über 90 Prozent mehr Gesamtperformance. Überlegen Sie selbst, was das für Ihre F&E, für den Erfolg von Projektteams, für die eigenverantwortliche Herangehensweise an Aufgaben bedeutet.

Es ist doch klar – die heutigen volatilen und unsicheren Zeiten (Stichwort VUCA) stoßen elementare Neuausrichtungen des Business und der daran hängenden Organisationsformen an. Die Kompetenz und Innovationskraft für diese Neuausrichtung wird durch Menschen aktiviert, sowohl unternehmensintern als auch extern und/oder in Netzwerken. Auch dafür benötigen wir das oben geforderte neue Mindset, denn das Beharrungsvermögen der hierarchisch geprägten Alt-Strukturen ist so groß, dass ein Wandel nur gelingt, wenn genug „Follower" für eine ausreichende Transformations-Energie sorgen. „New Business" (also neue, disruptive Geschäftsmodelle) und „New Work" brauchen also „New People". Hier haben Unternehmen zwei Ansatzpunkte: Sie können auf neue „digital" orientierte Mitarbeiter bzw. Partner oder auf Organisations- und Personalentwicklung setzen. Wer diese Verbindung erkennt, muss auch „New HR" angehen. Mit der neuen Denke wird HR zum Förderer einer Leistungskultur, die einzigartige Karrieren fördert, indem sie individuellen Fähigkeiten Bedeutung zuweist. New HR wird Führung neu interpretieren, Strukturen für mehr Eigenverantwortung setzen und dadurch Lust auf Ideen und fluide Zusammenarbeit machen. Mit dieser Formel ist New Work die Zukunftsformel für wirtschaftlichen Erfolg:

Wenn ich mache, was ich kann, mache ich es gerne. Können erzeugt Sinn und Sinn motiviert zu Bestleistung als Voraussetzung für Erfolg – das ist, auf einen einfachen Nenner gebracht, der Business Impact von „New Work". Oder sehen Sie das anders?

Big Data in HR:

Manövrieren sich Personalmanager mit Datenignoranz aufs Abstellgleis?

von Stefanie Hornung

Big Data birgt viele Vorteile für das Personalmanagement: Unternehmen können die Methoden für Auswahl und Entwicklung der Mitarbeiter auf eine valide Basis stellen oder erfolgreiche Instrumente für die Mitarbeiterbindung identifizieren. Die technischen Entwicklungen sind nicht aufzuhalten. Doch wie datenaffin sind Unternehmen in Bezug auf Personalfragen? Nutzen Personalmanager Datenanalysen für mehr Business Intelligence ihrer Organisationen?

Inwiefern Unternehmen heute schon ihre Daten nutzen, um daraus Erfolgskriterien für ihre Personalarbeit abzuleiten, und was sie in Zukunft planen, hat die Trendstudie „Big Data in HR" untersucht. Ein Schwerpunkt des Forschungsprojekts war der Einsatz von Big Data für die Personalauswahl und -entwicklung, zum Beispiel im Zusammenhang mit Assessment Centern. Dazu hat spring Messe Management (Veranstalter von Messen wie der Zukunft Personal, Corporate Health Convention, Personal Austria und PERSONAL) in Kooperation mit Prof. Dr. Dagmar Monett Díaz (Professorin für Informatik, Hochschule für Wirtschaft und Recht Berlin), Prof. Dr. Jens Nachtwei (Humboldt- Universität zu Berlin, Hochschule für angewandtes Management und IQP) und Moritz Meißner (EXIST-Stipendiat, ebenfalls HU Berlin) Ende 2014 und Anfang 2015 Unternehmensvertreter befragt. Das Ergebnis ist ernüchternd.

Hürden für Big Data in HR:
Personal, Expertise und Budgets

Den 254 befragten Personalern, Beratern und Führungskräften aus mehr als 200 verschiedenen Unternehmen war das Konzept von Big Data zwar zu 69 Prozent grob bekannt, aber nur 31 Prozent maßen dem Thema im Personalbereich einen mittleren Stellenwert im eigenen Unternehmen bei. Lediglich 15 Prozent der Befragten bescheinigten, dass Big-Databezogene HR-Aktivitäten bei ihnen im Betrieb durchgeführt werden – neun Prozent sahen die Personalabteilung dabei eher stark oder stark involviert. Als Hinderungsgründe für den Einsatz von Big-Data-Ansätzen in HR benannten die Teilnehmer insbesondere fehlendes Personal mit entsprechenden Kompetenzen, das Fehlen von nötigen Tools und die geringen Budgets.

Big-Data-Ausbildung Fehlanzeige

Dass die Befragten mangelnde Expertise als Hürde für den Einsatz von Big Data angeben, ist besonders überraschend. Obwohl rund 21 Prozent einen (wirtschafts-) psychologischen Hintergrund mitbringen, schreiben sich lediglich 12 Prozent eine große oder gar sehr große Expertise in Sachen Big Data zu. Offensichtlich fehlen selbst Vertretern der Profession, die im Studium explizit Methoden der Validierung mit Daten gelernt haben sollten, die nötigen Kompetenzen. Folglich meiden sie entweder im Studium alles was mit Statistik- Methoden oder Datenanalysen zu tun hat oder die Ausbildung an den Universitäten konzentriert sich auf andere Themen. Möglicherweise liegt die Ausbildung bei vielen auch schon zu weit zurück, so dass entsprechende Weiterbildungen vonnöten wären.

Einsatzfelder der Zukunft:
Mitarbeiterbindung legt am stärksten zu

Aktuell sind die Personalauswahl und -entwicklung die zentralen Anwendungsfelder im HR-Bereich der Unternehmen und werden nach Meinung der Befragten auch in den kommenden fünf Jahren weiter leicht an Bedeutung zulegen. Den stärksten

Zuwachs in der Wichtigkeit sehen die Studienteilnehmer bei Mitarbeiterbindung (+ 18 Prozent), betrieblichem Gesundheitsmanagement (+ 15 Prozent) und Performance Management (+ 14 Prozent). 20 Prozent der Unternehmensvertreter gaben an, dass sie aktuell schon ein Big- Data-Projekt in HR planen, während bei 44 Prozent keine solche Planung anstand.

Angst vorm TÜV?
Versteckte Gründe für Validierungsresistenz

„Wir haben vor dem Start der Studie nicht mit einer höheren Zahl an Unternehmen gerechnet, die aktuell schon Big Data in HR anwenden", kommentiert Prof. Dr. Jens Nachtwei, einer der Studieninitiatoren. „Im Gegenteil erscheint uns die Affinität zu dem Thema sogar relativ hoch", so der Personal- und Organisationspsychologe. Allerdings sei die geringe Zahl der Studienteilnehmer, die zukünftig den Einsatz von Big Data im Personalmanagement planten, alarmierend. „Arbeitsmarktanalysen zeigen, dass immer mehr Arbeitgeber Datenanalysten und Business Intelligence Agents suchen. Deshalb besteht die Gefahr, dass das Thema durch Externe oder andere Unternehmensbereiche besetzt wird." So seien etwa häufig Mitarbeiter aus IT, Controlling oder Vertrieb in diesem neuen Berufsfeld tätig.

Vermutlich sei die Angst groß, sich von liebgewonnenen Methoden und Tools verabschieden zu müssen, da sie sich nach einer genauen Analyse als nicht mehr zeitgemäß oder schlichtweg unwirksam erweisen. „Das ist wie beim TÜV: Wenn ich weiß, dass mein Auto die eine oder andere Macke hat, bringe ich es nicht so gern zur Überprüfung in die Werkstatt", so Nachtwei.

Mit Datenhoheit zum Business Agent

Immer wieder wird Kritik an Personalern laut, sie könnten ihren Wertschöpfungsbeitrag für Unternehmen nicht belegen. Zahlen und Fakten blieben im Hoheitsgebiet von Geschäftsführung oder Controlling, während sich HR schönen Modellen und netten Instrumenten für Personalauswahl und -entwicklung widme. Diese Kritik könnten Personalmanager mit dem Einsatz von Big- Data-Instrumenten Lügen strafen. Mit Datenanalysen – und zwar auch oft schon mit Small Data – könnten sie die Bedeutung ihrer Arbeit für Organisationen messbar machen statt sich auf Tradition und Bauchgefühl zu verlassen.

Industrie 4.0: Zweifel an Chefs

Mehrheit der Arbeitnehmer stellt den Chefs ein schlechtes Digital-Zeugnis aus

von Isabella Pridat und Burgy Zapp von Schneider-Egestorf

Die Personalberatung Rochus Mummert befragte HR-Führungskräfte sowie 1.000 Arbeitnehmer für die Studie „Einfluss des HR-Managements auf den Unternehmenserfolg". Laut den Ergebnissen zweifeln 57 Prozent der Arbeitnehmer in Deutschland daran, dass ihre Chefs beim Thema Digitalisierung und Industrie 4.0 sattelfest sind.

Lediglich zehn Prozent halten ihre Vorgesetzten diesbezüglich für wirklich fit. Ein weiteres Drittel (33 Prozent) sieht die Führungskräfte auf dem Gebiet der digitalen Transformation immerhin auf einem guten Weg. Dass sich im Zuge von Digitalisierung und Industrie 4.0 auch die Rolle des Managements ändern muss, ist in der Wirtschaft aber laut der Studie durchaus angekommen.

„Den von uns befragten Führungskräften zufolge haben bereits knapp drei Viertel der Unternehmen das Thema Industrie 4.0 auf der Agenda", sagt Dr. Hans Schlipat, Studienleiter und Managing Partner der Rochus Mummert-Gruppe. „Und nach Einschätzung der Arbeitnehmer lässt die jeweilige Firmenkultur in immerhin sechs von zehn Unternehmen den Führungskräften auch durchaus genügend Raum, neue Dinge auszuprobieren und Eigeninitiative zuzulassen."

Noch wollen oder können aber zu wenige Führungskräfte die sich auftuenden neuen Möglichkeiten in der Praxis auch nutzen. So sprechen fast 40 Prozent der Arbeitnehmer ihren direkten Vorgesetzten die Fähigkeit ab, Veränderungen oder neue Technologien gut zu erklären. Und noch ein paar mehr Befragte fühlen sich von ihren Chefs nicht gerade dazu aufgefordert, etwas für die eigene Weiterbildung zu tun.

Umso entscheidender ist, dass sich die Chefs auch selbst mit der neuen Arbeitswelt vertraut machen, um im nächsten Schritt ihre Mitarbeiter auf diesem Weg mitnehmen zu können. Bislang jedoch werden die Arbeitnehmer damit in der Regel noch allein gelassen. Nur in 16 Prozent der Firmen werden bereits Schulungen zum Thema Digitalisierung durchgeführt. Vielleicht liegt die Zahl auch etwas höher, aber mehr als jeder vierte Arbeitnehmer weiß nicht einmal, ob es ein derartiges Angebot in seinem Unternehmen gibt oder nicht. Die Bereitschaft, sich in Sachen Industrie 4.0 weiterzubilden, ist bei vielen Arbeitnehmern aber durchaus vorhanden.

Und noch etwas sollte die Führungskräfte dazu motivieren, die digitale Transformation gemeinsam mit ihren Mitarbeitern anzugehen. „Wie die Studie auch ergeben hat, sind Dreiviertel der Arbeitnehmer mit ihrem Chef insgesamt zufrieden", so Rochus-Mummert-Partner Schlipat. Auch glauben bereits jetzt schon 35 Prozent der Befragten, dass ihnen die Digitalisierung mehr Vor- als Nachteile bringen wird. Und ein weiteres Drittel ist potenziell dazu bereit, sich von dieser Einstellung überzeugen zu lassen.

Die Studie und das PIPS-Modell

Analog zum PIMS-Ansatz der Harvard Business School werden im PIPS-Modell (Profit Impact of Personnel Strategies) von Rochus Mummert die Einflüsse des HR-Managements auf die personalwirtschaftlichen Vorsteuergrößen systematisch wie nie zuvor betrachtet. Das zusammen mit Prof. Dr. Michael Martin von der Hochschule Rhein Main entwickelte PIPS-Modell umfasst dabei reine Performance-Werte genauso wie Analysen zur Führungs- und Leistungskultur. Die Studie „Einfluss des HR-Managements auf den Unternehmenserfolg" basiert auf den Ergebnissen des ständig wachsenden HR-Panels von Rochus Mummert, das eigens für das PIPS-Projekt aufgebaut wurde. Derzeit berichten in regelmäßigen teilstrukturierten Befragungen rund 70 HR-Führungskräfte aus meist größeren mittelständischen Unternehmen. Firmen, die ebenfalls am HR-Panel von Rochus Mummert teilnehmen möchten, wenden sich bitte an Juergen.Gillmann@RochusMummert.com.

Big Data in HR
Trend-Studie

Interview: Weckruf für Personaler: Interview mit Prof. Nachtwei, Humboldt Universität Berlin

Interview mit Prof. Nachtwei, Humboldt Universität Berlin; das Interview führte Stefanie Hornung

Herr Prof. Nachtwei, was waren die zentralen Ergebnisse der Trendstudie „Big Data in HR"?

Mehr als zwei Drittel der 254 Befragten aus mehr als 200 verschiedenen Unternehmen hatten zumindest eine grobe Vorstellung davon, was hinter dem Konzept Big Data steckt. Allerdings maßen nur 31 Prozent dem Thema im Personalbereich einen mittleren Stellenwert im eigenen Unternehmen bei. Lediglich 15 Prozent der Teilnehmer bescheinigten, dass Big-Data-bezogene HRAktivitäten bei ihnen im Unternehmen durchgeführt werden. Aktuell sind die Personalauswahl und -entwicklung die zentralen Anwendungsfelder im HR-Bereich der Unternehmen.

Welche Unternehmensvertreter haben Sie genau befragt und inwiefern zeigen sich Unterschiede zwischen den verschiedenen Unternehmensgruppen?

47 Prozent der Befragten waren Personaler mit und ohne Leitungsfunktion, 24 Prozent Führungskräfte im Unternehmen und 17 Prozent interne und externe Berater.

Zwölf Prozent gaben andere Funktionen an. Wir haben die Antworten von Personalern mit den Antworten aller anderen Teilnehmer verglichen. Da zeigt sich kein deutlich anderes Antwortverhalten. Die Personaler, die sich für das Thema erwärmen können, haben also eine ähnliche Vorstellung wie das Business und die Berater. Das Thema ist aber nach wie vor sehr speziell und zieht nur einen Teil derjenigen an, die im weitesten Sinne mit HR zu tun haben. Möglicherweise haben viele Personaler, die nichts mit dem Thema anfangen können, gar nicht an der Studie teilgenommen, hätten aber noch einmal eine ganz andere Meinung.

Wer treibt vor allem das Thema Big Data in HR voran?

Das ist ganz klar ein Geschäftsführungsthema. Personaler spielen als treibende Kraft eher eine untergeordnete Rolle – nur neun Prozent sahen die Personal abteilung in HR-bezogene Big-Data-Projekte eher stark oder stark involviert. Das ist insofern schade, dass HR eigentlich prädestiniert wäre, dabei eine größere Rolle zu spielen. Personaler sitzen an einer wichtigen Schnittstelle im Unternehmen, haben vielfältige Einblicke und auch Zugriff auf die Daten. Wer, wenn nicht HR? Die Gefahr besteht natürlich, dass das Thema durch andere Unternehmensbereiche besetzt wird. Arbeitsmarktanalysen zeigen, dass die Jobrolle des Datenanalysten und Business Intelligence Agent immer häufiger gesucht wird. Da entsteht ein neues Berufsbild, das eine Querschnittsfunktion hat und HR langfristig in diesem Feld den Rang ablaufen kann. Außerdem besteht die Gefahr, dass das Thema durch Externe oder andere Unternehmensbereiche besetzt wird, wie etwa Controlling, Vertrieb oder Marketing. In der Praxis mache ich noch oft die Beobachtung, dass Personaler keine Datenaffinität haben und nicht in monetären Dimensionen in Bezug auf ihr Handeln denken.

Welche Hinderungsgründe lassen sich aus der Befragung für Big Data in HR herauslesen?

Viele Personaler wissen nicht, wie sie das Thema Big Data angehen sollen. Laut Angaben der Teilnehmer ist der Show Stopper insbesondere das fehlende Personal mit entsprechenden Kompetenzen. Außerdem mangelt es an den nötigen Tools und auch zu geringe Budgets spielen für viele eine Rolle. Dass 12 Prozent der Befragten mangelnde Expertise als Hürde für den Einsatz von Big Data angeben, ist insofern irritierend, als rund 21 Prozent einen (wirtschafts-)psychologischen Hintergrund mitbringen. Offensichtlich fehlen selbst Vertretern der Profession, die im Studium explizit Methoden der Validierung mit Daten gelernt haben sollten, die nötigen Kompetenzen. Folglich meiden sie entweder im Studium alles, was mit Statistik oder Datenanalysen zu tun hat, oder die Ausbildung an den Universitäten konzentriert sich auf andere Themen. Möglicherweise liegt die Ausbildung bei vielen auch schon zu weit zurück, so dass entsprechende Weiterbildungen vonnöten wären.

Ein Schwerpunkt der Studie war die Datenanalyse von Ergebnissen aus Potenzialanalysen, also Quellen wie beispielsweise Assessment Centern, Persönlichkeitstests oder Interviews.
Inwiefern sind solche Evaluationen in den Unternehmen schon üblich?

Ist man in HR bereit Analytics einzusetzen?

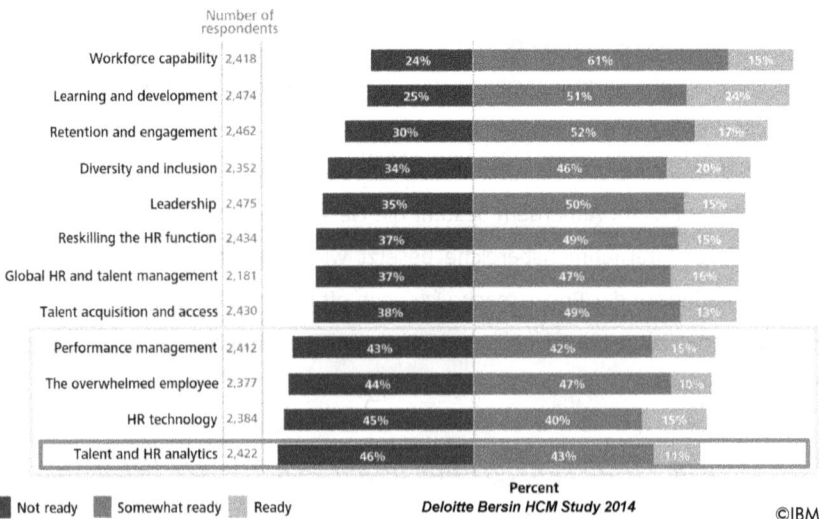

	Number of respondents	Not ready	Somewhat ready	Ready
Workforce capability	2,418	24%	61%	15%
Learning and development	2,474	25%	51%	24%
Retention and engagement	2,462	30%	52%	17%
Diversity and inclusion	2,352	34%	46%	20%
Leadership	2,475	35%	50%	15%
Reskilling the HR function	2,434	37%	49%	15%
Global HR and talent management	2,181	37%	47%	16%
Talent acquisition and access	2,430	38%	49%	13%
Performance management	2,412	43%	42%	15%
The overwhelmed employee	2,377	44%	47%	10%
HR technology	2,384	45%	40%	15%
Talent and HR analytics	2,422	46%	43%	11%

Percent

Deloitte Bersin HCM Study 2014 ©IBM

Das ist ein interessanter Punkt, weil hier im Grunde „Small Data" genügen. Und jedes Unternehmen hat solche Daten aus dem Bewerbungsprozess. Diese Daten nutzen aber bisher nur 14 Prozent.

Wir haben auch eine kostenfreie Validierung angeboten. Dazu sammeln wir am Institut IQP und in der Arbeitsgruppe Assessment Center an der Humboldt Universität schon länger Erfahrungen: Wir erheben Leistungs- und Erfolgsparameter über einen längeren Zeitraum, zum Beispiel für Executives in der Industrie, also für Führungskräfte, die mehrere 100.000 bis zu ein paar Millionen Euro Umsatzverantwortung per anno haben. Diese Parameter stellen wir dann in Korrelation mit den Kompetenzen der Führungskräfte. Etwas Ähnliches machen wir in Call Centern für Call Agents. Wir schauen über sechs, neun und zwölf Monate, wer ist – in Abhängigkeit von seiner Persönlichkeitsstruktur – überhaupt noch da und welche Verhaltensweisen zeigen diese Personen, etwa in Bezug auf Leistungsparameter. Daraus leiten wir für das Unternehmen ab, wie das ideale Persönlichkeitsprofil für einen Geschäftsführer oder Call Agent eigentlich aussieht.

Das Handwerkszeug ist vorhanden, allerdings hat sich bisher kein einziges Unternehmen im Rahmen der Trendstudie Big Data in HR für dieses niederschwellige und kostenfreie Angebot gemeldet.

Wie erklären Sie sich das?

Natürlich ist es ein bisschen Arbeit, die Daten zusammen zu stellen, aufzubereiten und zu anonymisieren, aber der Profit daraus ist auch groß. Vielleicht fürchten viele Personaler, dass ihre Assessments oder Testverfahren nicht das einlösen, was sie versprechen. Wir stellen fest, dass Evaluationsprojekte immer dann eine Rolle spielen, wenn es auf Entscheider-Level von HR einen personellen Wechsel gibt. Der oder die Neue bekommt den Auftrag, sich die bisherige Arbeit genau anzuschauen und es künftig besser zu machen. Da sind Validierungen beliebt. Wenn man aber in gefestigte Gefüge kommt, wenn der Personaler vor acht Jahren mit dem Assessment Center angefangen hat und froh ist, dass das Budget dafür locker gemacht wurde, freut er sich nicht über die Idee, dass ihm jemand auf den Zahn fühlt und evidenzbasiert schaut, was das eigentlich bringt. Das ist wie beim TÜV: Wenn ich weiß, dass mein Auto die eine oder andere Macke hat, bringe ich es nicht so gern zur Überprüfung in die Werkstatt.

Wie realistisch sind die Vorstellungen, die Unternehmensvertreter von solchen Validierungen haben?

Bei ihren Interessen richten sich die Befragten nicht gerade nach der Machbarkeit. Wir hatten etwa abgefragt, für welche Zielgruppen es für die Teilnehmer am interessantesten wäre, ob die Verfahren valide sind – egal ob mit Big oder Small Data. Am interessantesten fanden sie die Führungskräfte und die Vertriebsmitarbeiter am uninteressantesten. Die Machbarkeit ist genau umgekehrt. Bei einem Vertriebler ist es mit Kennzahlen relativ einfach Erfolg zu messen, während es bei Führungskräften weniger klare Indikatoren gibt.

Inwiefern gibt es in ihrer Studie einen Unterschied zwischen Großunternehmen und kleinen und mittelständischen Unternehmen?

Die Befragungsteilnehmer kamen aus Unternehmen, die im Schnitt rund 8.000 Mitarbeiter hatten, gut 100 Unternehmen hatten mindestens 500 Mitarbeiter. Ich bekomme oft von Organisationen mit ein paar hundert Mitarbeitern die Rückmeldung: „Also Validierung, das macht bei uns gar keinen Sinn!". Meist geht es da aber schon um eine relevante Zahl von Einstellungen bei ITlern oder Vertrieblern, die eine Evaluierung durchaus sinnvoll machen. Viele Personaler unterschätzen die Potenziale ihrer Daten. Die großen Unternehmen haben per se meist schon eine mehr kritische Datenmasse, wissen aber auch mehr damit anzufangen.

In unserer Studie liegen größere Unternehmen bei der Realisierung und Planung von Big-Data-Projekten in HR etwa acht Prozent vorne. Auffällig ist auch, dass in KMU „Widerstand durch den Betriebsrat" nicht zu den drei wichtigsten Hinderungsgründen gehört – bei größeren Unternehmen belegt diese Hürde dagegen Platz 2. In größeren Unternehmen ist HR auch Initiator derartiger Projekte, während das in kleineren Geschäftsführung, Management und Berater sind. Die Personalauswahl ist in beiden Unternehmensgrößen eines der Haupt-Einsatzfelder. In kleineren Unternehmen sind auch Employer Branding und Personalentwicklung, in größeren Personalcontrolling und strategisches HRManagement unter den Top 3.

Die Trendstudie wirft auch einen Blick in die Zukunft:
Was tut sich in den nächsten fünf bis zehn Jahren?

Der Sprung von fünf auf zehn Jahre war nicht wirklich erkennbar. Da haben die Teilnehmer bei ihren Angaben einfach noch ein paar Punkte draufgelegt. Das ist dann eher so nach dem Motto, Autos werden in zehn Jahren vielleicht auch schon fliegen, da wird es bestimmt auch bei Big Data mehr geben. Die Themen, die aktuell hoch im Kurs liegen, also vor allem Personalauswahl und -entwicklung, gewinnen zwar weiter an Bedeutung, haben aber die geringsten Zuwächse. Bei Mitarbeiterbindung, Betrieblichem Gesundheitsmanagement und Performance Management gibt es die deutlichsten Sprünge. Das lässt sich eventuell so erklären, dass die Unternehmen zukünftig am ehesten die Potentiale ihrer Bestandbelegschaft sichern und ausbauen möchten – da viele schon jetzt Personalbeschaffungsprobleme haben, ist das durchaus nachvollziehbar.

Was hat Sie an den Ergebnissen am meisten überrascht?

Dass noch nicht so viele Unternehmen Big Data einsetzen, hatten wir im Grunde schon so ähnlich erwartet. Ich hätte sogar mit einer geringeren generellen Affinität dem Thema gegenüber gerechnet. Der Wille ist stark. Auch, dass es an der einen oder anderen Stelle an der Expertise mangelt, war nicht so erstaunlich. Aber dass insgesamt 44 Prozent der Studienteilnehmer keine Big-Data-Projekte planen und sogar 55 Prozent nicht vorhaben, Validierungen von Potentialanalysen zu machen – das fand ich ziemlich ernüchternd und fast schon fahrlässig. Dass so viele Praktiker offenbar nicht bereit sind ein bisschen Arbeit zu investieren, um festzustellen, ob das eigene Assessment Center oder der eingekaufte Test Ergebnisse produziert, die eventuell die Richtigen als ungeeignet und die Falschen als geeignet ausweisen, halte ich für wirtschaftlich und vor allem ethisch sehr bedenklich.

Die Digitale Transformation fällt aus

Die Unternehmen ignorieren wichtige Kompetenzen bei der Nachfolgeplanung. Dies ergab eine kürzlich veröffentlichte Studie der Personalberatung InterSearch Executive Consultants zum Thema „Strategische Nachfolgeplanung". 202 Personalverantwortliche und Manager von deutschen Unternehmen ab 250 Mitarbeitern wurden für die Studie online befragt. Das durchführendes Marktforschungsinstitut war Research now.

Nur vier von zehn Unternehmen achten bei der Neubesetzung von Vakanzen auf Kompetenzen, die dem digitalen Wandel Rechnung tragen, wie etwa IT-Affinität oder das Interesse an Innovationen. Selbst wenn die Digitalisierung einen relevanten Baustein der Unternehmensstrategie darstellt, ist das keine Garantie dafür, dass die notwendigen Digital-Kompetenzen für den Wandel bei der Nachfolgeplanung berücksichtigt werden. Nur knapp die Hälfte der Konzepte zur Besetzung von Vakanzen ist mit langfristigen Unternehmensstrategien abgestimmt. „Angesichts der umfassenden Umwälzungen, die der digitale Wandel mit sich bringt, ist das riskant", sagt Thomas Bockholdt, Managing Partner von InterSearch Executive Consultants. „Wer bei der Nachbesetzung von Top-Positionen die strategische Ausrichtung ausklammert, gefährdet den Erfolg der unternehmerischen Ziele." Je nach Branche ist der digitale Wandel zwar unterschiedlich weit fortgeschritten. Klar ist aber: Ihm entziehen kann sich kein Unternehmen. Um die digitale Transformation des eigenen Unternehmens intern voranzutreiben, fehle es aber vielerorts an Expertise in den obersten Managementetagen. „Um den Bedürfnissen der Kunden langfristig gerecht zu werden und nicht den Anschluss zu verlieren, muss man die nötigen Kompetenzen auch an entscheidenden Schaltstellenplatzieren", sagt Bockholdt. „Nur so lassen sich traditionelle Geschäftsmodelle an das digitale Zeitalter anpassen." Insbesondere Mittelständler müssten den Hebel hier noch häufiger ansetzen.

Unternehmen haben ihre digitalen Experten nicht im Blick

Eine ganzheitliche strategische Nachfolgeplanung könnte den Missstand zumindest in Teilen beheben. Diese hat aber nicht einmal ein Viertel der Unternehmen überhaupt integriert. Auch von den Unternehmen, die sich strategisch mit der Neubesetzung vakanter Schlüsselpositionen auseinandersetzen, vernachlässigt ein Großteil das interne Potenzial. „Selbst wenn es im Unternehmen digitale Fachleute mit Managementqualitäten gibt, werden diese in vielen Fällen schlicht übersehen", sagt Bockholdt. Ein Grund: Nur ein Viertel der Firmen schaut auch auf die dritte Führungsebene und Expertenfunktionen. „Gerade junge Talente mit wertvollem Know-how zur Digitalisierung sitzen oft genau hier", so Bockholdt. Zudem verfügen Mitarbeiter aus diesen Teilen der Organisation eher über die Offenheit, mit unverstelltem Blick bestehende Geschäftsmodelle zu hinterfragen und althergebrachte Strukturen aufzubrechen.

Innovationstreiber bleiben zu oft unentdeckt

Auch sonst haben Unternehmen, wenn es um die Besetzung offener Top-Positionen geht, relevante Faktoren, die die eigene Digitalisierung befördern, oft nicht auf dem Radar. So sind Innovationstreiber nur in jedem dritten Unternehmen bekannt. Gerade diese visionären Köpfe könnten den zukunftsfähigen Wandel des Unternehmens beschleunigen und es so fit für die digitale Zukunft machen. Zeitgemäße Instrumente sind für die effektive Suche nach dem idealen Nachfolger auch deshalb essentiell. Doch diese bleiben häufig ungenutzt. Diagnostische Verfahren zur Überprüfung der Eignung wie Potenzialanalysen sowie eine IT-Unterstützung werden von weit weniger als der Hälfte der Unternehmen eingesetzt.

Millenials im Fokus

von Isabella Pridat-Zapp

Getriggert durch den Hype um die neue Generation, hat IBM im Sommer 2014 eine Studie zu diesem Thema beauftragt um klare Daten zu den Millenials zu erheben. Einige der heute mit den 21–34jährigen verknüpften gängigen Meinungen konnten bestätigt werden, doch gab es auch viele sehr überraschende Ergebnisse, vor allem mit Bezug auf die Generation X (35–49) und im Vergleich zu den ab 50ig-jährigen Baby Boomers: Die Unterschiede zwischen den Generationen sind oft gar nicht so groß wie gedacht.

Die Tatsache, dass die Generation der Millenials schon bald den größten Anteil der arbeitenden Bevölkerung bestreiten wird, macht die erhobenen Daten aus wirtschaftlicher Sicht hochinteressant. In Jahr 2030 wird der Anteil der Millenials an der berufstätigen Bevölkerung weltweit schon 75 % betragen – 2020 immerhin schon 50 %.

Einige der gängigen Auffassungen zur Millenial-Generation, aka Generation Y, sehen diese als faul, egoistisch, oberflächlich, aber auch weltoffen, mit starkem Gemeinschaftssinn und Interesse an sozialen Themen. IBMs Befragung erfasste insgesamt über 1700 Arbeitnehmer aus allen 3 Generationen um einen Vergleich zu ermöglichen. Diese verteilen sich auf kleine und große Unternehmen, 6 verschiedene Branchen, leben in 7 Regionen und sind auf allen Unternehmensebenen tätig in den unterschiedlichsten Job- Funktionen.

IBM wollte den Wahrheitsgehalt
der vorherrschenden Mythen untersuchen.

Die Mythen

Der erste hinterfragte Mythos besagt, dass die Karriereziele und -erwartungen sich deutlich von denen der älteren Generation unterscheiden. Dies haben die von IBM erhobenen Daten nicht bestätigt. Die wichtigsten Karriereziele und -erwartungen aller 3 befragten Generationen sind demnach: Sie wollen einen positiven Beitrag zum Unternehmen leisten, interessieren sich für soziale Themen und wollen in einer gemischten Belegschaft arbeiten.

Top career goals	Millennials	Gen X	Baby Boomers
Make a positive impact on my organization	25%	21%	23%
Help solve social and/or environmental challenges	22%	20%	24%
Work with a diverse group of people	22%	22%	21%
Work for an organization among the best in my industry	21%	25%	23%
Do work I am passionate about	20%	21%	23%
Become an expert in my field	20%	20%	15%
Manage my work/life balance	18%	22%	21%
Become a senior leader	18%	18%	18%
Achieve financial security	17%	16%	18%
Start my own business	17%	12%	15%

Mythos 1 widerlegt: Karriereerwartungen ähneln sich sehr

Laut Mythos 2 wollen Millenials durchgängig bejubelt werden und wünschen sich, dass jeder im Team eine Auszeichnung erhalten sollte. Auch das ist falsch: Millenials finden durchaus, dass jedes Team- Mitglied eines erfolgreichen Teams belohnt werden sollte. Im Vergleich jedoch stellt sich heraus, dass diese Meinung 55 % der Millenials vertreten, aber sogar 64 % aus der Generation X.

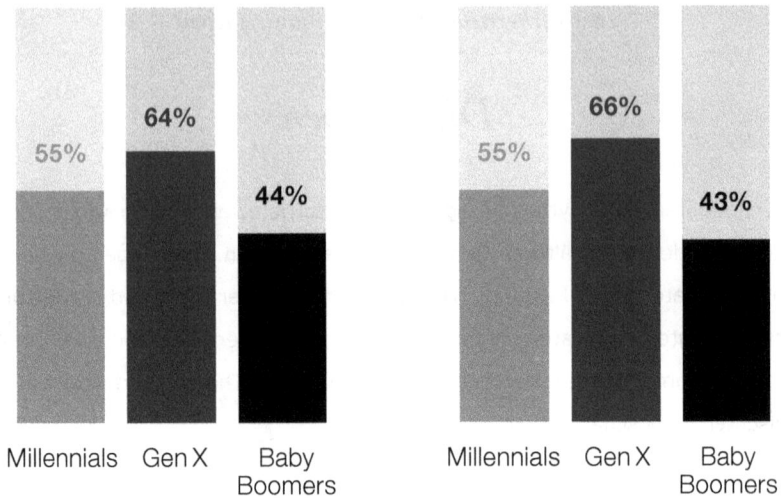

Mythos 2 widerlegt: Es ist die Generation X, die Anerkennung wünscht

Der dritte untersuchte Mythos apostrophiert, dass Millenials sozusagen nach der digitalen Welt süchtig sind und als erstes nach dem Aufstehen ein digitales Device in die Hand nehmen – ja, es existiert sogar eine Studie nach der Millenials eher auf Sex als auf ihr Mobiltelefon verzichten würden. Auch dies hat sich in der Studie nicht bestätigt. Geht es darum, wie sich ein Millenial berufsbezogenes Wissen aneignen möchte, so zeigen die Studien- Ergebnisse, dass die erste Wahl nicht auf virtuelle Methoden sondern auf physische Methoden fällt. Hierzu wurden bevorzugt genannt: an einem externen Event teilnehmen, an einer physischen Schulung teilnehmen, mit kompetenten Kollegen arbeiten. Diese Präferenzen wurden dann ergänzt durch Nennung von interaktiven Moduln, Apps, online-Schulungen, Simulationen. Folglich kommt es den Millenials auf den richtigen Mix an und die Schlussfolgerung, dass diese alles digital machen möchten, ist schlicht falsch.

Der zweite Aspekt dieses Mythos, dass Millenials Berufs- und Privatleben mit Bezug auf die Nutzung sozialer Medien überhaupt nicht abgrenzen können und das Unternehmen befürchten muss, diese Generation werde unkritisch geschäftsschädigende Informationen irgendwo posten, konnte in der IBM Studie nicht bestätigt werden. Vielmehr ist hier eher die Generation X gefährdet, wie die Prozentzahlen ergaben.

Es ist eher die Generation X, die zur Verwendung privater Social Media Accounts für berufliche Zwecke neigt

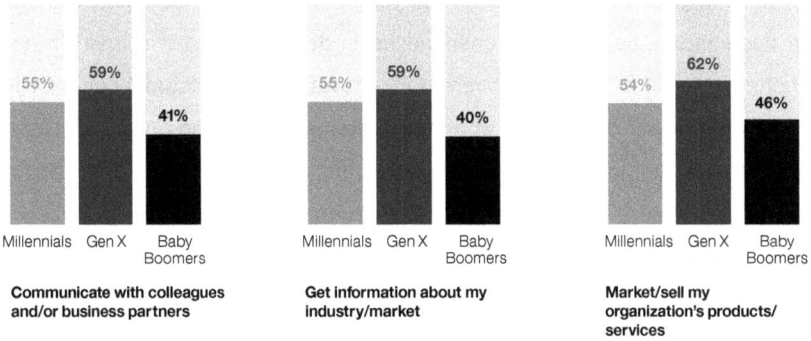

55%	59%	
		41%
Millennials	Gen X	Baby Boomers

Communicate with colleagues and/or business partners

55%	59%	
		40%
Millennials	Gen X	Baby Boomers

Get information about my industry/market

54%	62%	
		46%
Millennials	Gen X	Baby Boomers

Market/sell my organization's products/ services

Mythos 3 widerlegt: Es ist eher die Generation X, die zur Verwendung privater Social Media Accounts für berufliche Zwecke neigt

Der vierte Mythos behauptet, dass Millenials keine eigenständigen Entscheidungen fällen können sondern immer erst alle anderen fragen müssen. Die erhobenen Daten widersprechen dem. Diese Annahme beruht wohl darauf, dass diese Generation im Netz aktiv ist und sich gerne Tipps von Freunden einholt, wenn es um ein Restaurant oder einen Schuhkauf geht. Es hat sich jedoch herausgestellt, dass diese Neigung sehr themenabhängig ist. Alle 3 untersuchten Generationen halten es für gut, im Berufsleben zu kooperieren.

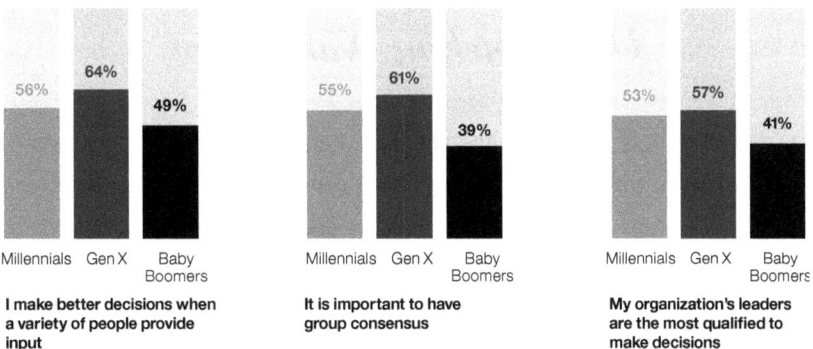

56%	64%	
		49%
Millennials	Gen X	Baby Boomers

I make better decisions when a variety of people provide input

55%	61%	
		39%
Millennials	Gen X	Baby Boomers

It is important to have group consensus

53%	57%	
		41%
Millennials	Gen X	Baby Boomers

My organization's leaders are the most qualified to make decisions

Mythos 4 widerlegt: In puncto Entscheidung sind die Baby Boomer die statistischen Ausreisser

Der fünfte untersuchte Mythos ist, dass die Generation Y überdurchschnittlich viele Job-Hopper aufzeige, die gleich das Handtuch werfen, wenn im Berufsleben nicht mehr alles so ganz ihren persönlichen Neigungen entspricht. Das konnte die Studie nicht bestätigen. Alle 3 Generationen wechseln den Job aus den selben Gründen: ein höherer Verdienst, eine kreativere und innovativere Arbeitsumgebung. Gründe wie „die Welt retten" oder „follow your heart" stehen im Ranking bei allen 3 Generationen ziemlich weit unten. Nebst der Widerlegung dieser 5 Mythen hat die Auswertung der Daten noch andere interessante Informationen zutage gefördert. Unter anderem gehören hierzu die von dem Studien-Team als unangenehme Wahrheiten bezeichneten Ergebnisse. Es handelt sich um Präferenzen, die für alle 3 Generationen gleichermaßen gelten und ziemlich beunruhigend sind.

Reasons for changing jobs	Millennials	Gen X	Baby Boomers
Enter the fast lane (make more money and work in a more creative, innovative environment)	42%	47%	42%
Shoot for the top (assume more responsibility in an organization with a first-rate reputation)	24%	19%	28%
Follow my heart (advance my career while doing work I'm more passionate about)	21%	24%	16%
Save the world (make a positive social/environmental impact and have more job security)	13%	11%	14%

Mythos 5 widerlegt: Die Generation unterscheiden sich kaum bei Ihren Beweggründen

Unangenehme Wahrheiten

Die erste Wahrheit ist, dass Arbeitnehmer sehr häufig im Dunkeln tappen, wenn es um die Geschäftsstrategie des Unternehmens geht. Nur circa 50 % der Millenials und der Baby Boomer fühlten sich über die Ziele des Unternehmens, des Vorgesetzten oder die Kunden-Wünsche informiert.

Die Generation X sieht das wesentlich positiver. In den Daten fi ndet sich hierzu auch eine mögliche Erklärung, nämlich dass diese Generation heute sehr stark an der Festlegung der Geschäftsstrategie beteiligt ist und auch daran, diese den Mitarbeitern zu vermitteln.

Dieses Ergebnis ist deshalb so erschreckend, weil IBM aus 30 Jahren Erfahrung mit Mitarbeiter-Befragungen weiss, wie wichtig die Vermittlung eines verständlichen positiven Bildes der Unternehmenspolitik für Mitarbeiterleistung und Mitarbeiterbindung sind.

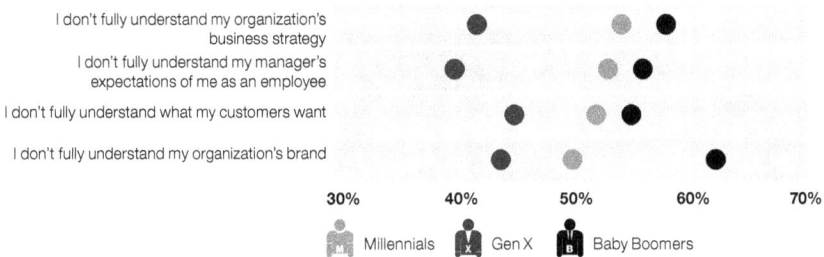

Unangenehme Wahrheit: Viele Angestellte sind nicht zuversichtlich, dass sie im eigenen Unternehmen die Schlüssel-Elemente der Geschäftsstrategie verstehen

Eine weitere unangenehme Wahrheit ist, dass 60 % der Millenials glauben, ihr Unternehmen addressiere das Thema Customer Experience nicht – 70 % der Generation X stimmen damit überein.

Die Studienergebnisse weisen jedoch aus, dass Mitarbeiter altersunabhängig die Veränderungen, die digitale Revolution, die technologischen Veränderungen im Prinzip annehmen. Allerdings sind sie der Meinung, dass ihre Unternehmen diese Dinge zu langsam implementieren. Als Grund hierfür wird seitens der Beschäftigten interessanterweise genannt, dass das Unternehmen eine Verschlechterung der Customer Experience befürchte. Diese Studie kann man so interpretieren, dass weniger ein Generationsproblem existiert, als vielmehr aufgrund von gesellschaftlichen Veränderungen sich auch die Arbeitswelt verändert und damit die Erwartungen und Wünsche der berufstätigen Generationen. Sie alle wollen einen vielfältigen Arbeitsplatz, sie wollen Collaboration, sie wollen Innovation. Dafür brauchen sie Tools, die sie dabei unterstützen und die auch das Leben des Kunden erleichtern.

Nachweis für alle Grafiken – Source: IBM Institute for Business Value Millenial Survey 2014

Was IT-Fachkräfte von ihrem Berufseinstieg erwarten

Studie von Prof. Dr. Peter M. Wald, HTWK Leipzig
und von Rainer Weckbach, get in IT
und von Laura Fenger, get in IT

Über die Studie

An der Befragung zur Studie „get started 2015" der HTWK Leipzig und get in IT im Juli und August 2015 beteiligten sich insgesamt 1.304 Teilnehmer. Die Befragung wurde über einen Online-Fragebogen durchgeführt. 54 Prozent der Teilnehmer waren zum Zeitpunkt der Befragung Studierende im Bereich IT, weitere 46 Prozent IT-Berufsstarter mit erster Berufserfahrung. Das Durchschnittsalter bei den Berufstätigen betrug 27,75 Jahre, bei den Studierenden 24,69 Jahre. Wissenschaftlich begleitet wurde die Studie von Herrn Prof. Peter M. Wald von der HTWK Leipzig.

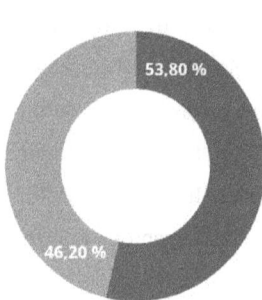

Studierende
Young professionals

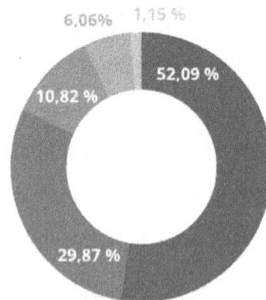

Bachelor-Studium
Master-Studium
Berufsausbildung
Sonstige
Promotion

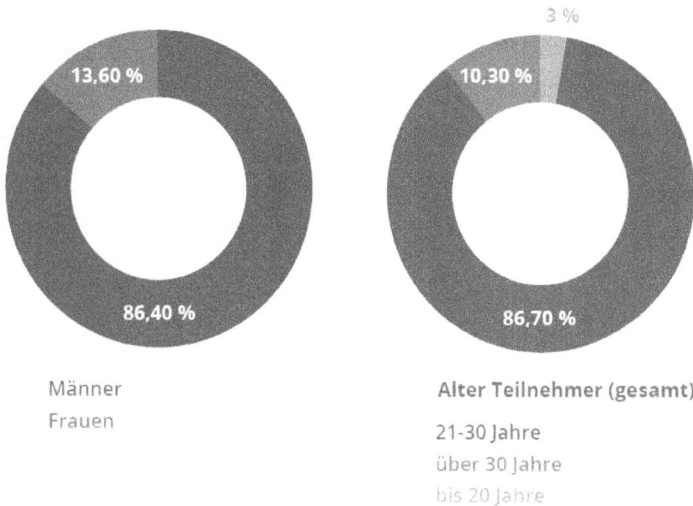

13,60 %

10,30 %

3 %

86,40 %

86,70 %

Männer
Frauen

Alter Teilnehmer (gesamt)

21-30 Jahre
über 30 Jahre
bis 20 Jahre

Über get in IT

Die Onlineplattform www.get-in-IT.de richtet sich gezielt an IT-Nachwuchskräfte in der Phase der beruflichen Orientierung und der Arbeitgeberwahl. Für Absolventen IT-naher Studiengänge sowie Young Professionals mit bis zu 2 Jahren Berufserfahrung konzentriert get in IT alle Einstiegsprogramme auf einer Plattform. Neben diesem spezifischen Arbeitsmarktüberblick bieten redaktionelle Inhalte rund um IT-Berufswahl, Bewerbung und Gehalt Orientierung beim Einstieg in die Arbeitswelt.

Über die HTWK Leipzig

Die Hochschule für Technik, Wirtschaft und Kultur Leipzig (HTWK Leipzig) wurde 1992 gegründet. Sie setzt eine lange Tradition der ingenieurtechnischen Bildungseinrichtungen und der Lehrstätten für Bibliothekare, Buchhändler und Museologen in Leipzig fort. Momentan sind etwa 6.200 Studierende eingeschrieben. Die Fakultät Wirtschaftswissenschaften bzw. das Lehrgebiet Personalmanagement kooperiert – wie in diesem Fall – in Forschung und Entwicklung mit Unternehmen um aktuelle Themen anwendungsorientiert wissenschaftlich zu begleiten.

GenY&IT durchleuchtet

In einer gemeinsamen Studie haben das Karriereportal „get-in-IT" und die HTWK Leipzig mehr als 1300 Berufsstarter befragt. Die Generation Y und ihre Einstellung zur Arbeitswelt wird in vielen Studien und Umfragen analysiert. Wie tickt diese Generation allerdings in einzelnen Berufsfeldern? Was denken zum Beispiel Berufsstarter aus dem Bereich IT über den Einstieg in das Berufsleben?

Welche der folgenden Aussagen trifft am ehesten auf Dich zu?

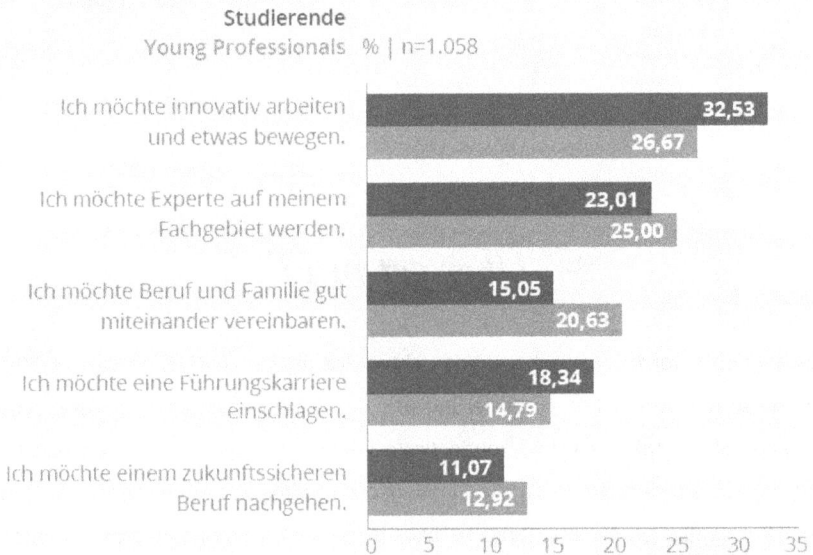

Studierende
Young Professionals % | n=1.058

Ich möchte innovativ arbeiten und etwas bewegen.	32,53 / 26,67
Ich möchte Experte auf meinem Fachgebiet werden.	23,01 / 25,00
Ich möchte Beruf und Familie gut miteinander vereinbaren.	15,05 / 20,63
Ich möchte eine Führungskarriere einschlagen.	18,34 / 14,79
Ich möchte einem zukunftssicheren Beruf nachgehen.	11,07 / 12,92

0   5   10   15   20   25   30   35

Welche der folgenden Aussagen trifft am ehesten auf Dich zu?

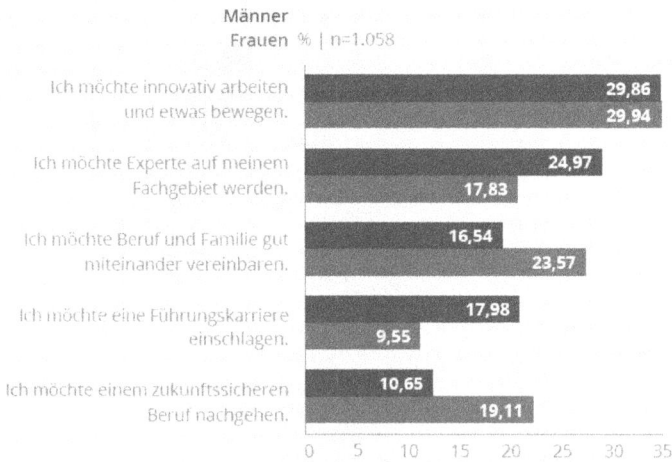

Männer
Frauen % | n=1.058

Ich möchte innovativ arbeiten und etwas bewegen.	Männer	29,86
	Frauen	29,94
Ich möchte Experte auf meinem Fachgebiet werden.	Männer	24,97
	Frauen	17,83
Ich möchte Beruf und Familie gut miteinander vereinbaren.	Männer	16,54
	Frauen	23,57
Ich möchte eine Führungskarriere einschlagen.	Männer	17,98
	Frauen	9,55
Ich möchte einem zukunftssicheren Beruf nachgehen.	Männer	10,65
	Frauen	19,11

0   5   10   15   20   25   30   35

Die Studie „get started 2015" der **HTWK** Leipzig und des Karriereportals get in IT zeigt, dass angehende IT-Experten andere Prioritäten setzen, als die GenY in anderen Berufsfeldern.

In welchem Bereich möchtest Du arbeiten?

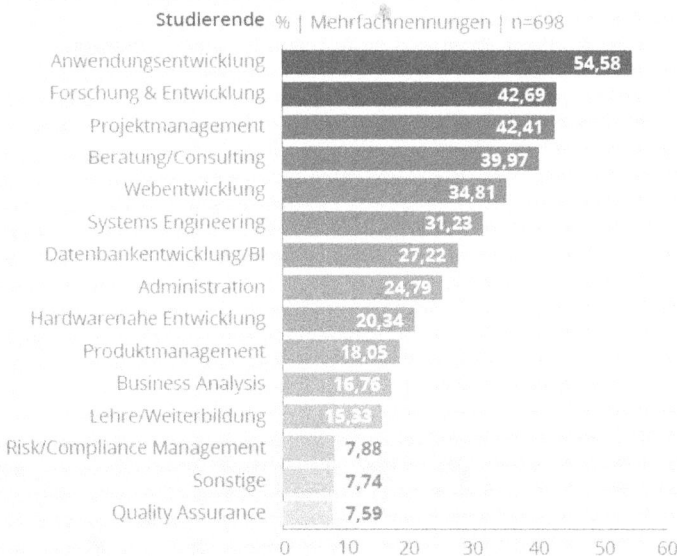

Studierende % | Mehrfachnennungen | n=698

Bereich	%
Anwendungsentwicklung	54,58
Forschung & Entwicklung	42,69
Projektmanagement	42,41
Beratung/Consulting	39,97
Webentwicklung	34,81
Systems Engineering	31,23
Datenbankentwicklung/BI	27,22
Administration	24,79
Hardwarenahe Entwicklung	20,34
Produktmanagement	18,05
Business Analysis	16,76
Lehre/Weiterbildung	15,33
Risk/Compliance Management	7,88
Sonstige	7,74
Quality Assurance	7,59

0   10   20   30   40   50   60

In welchem Bereich wolltest Du arbeiten?

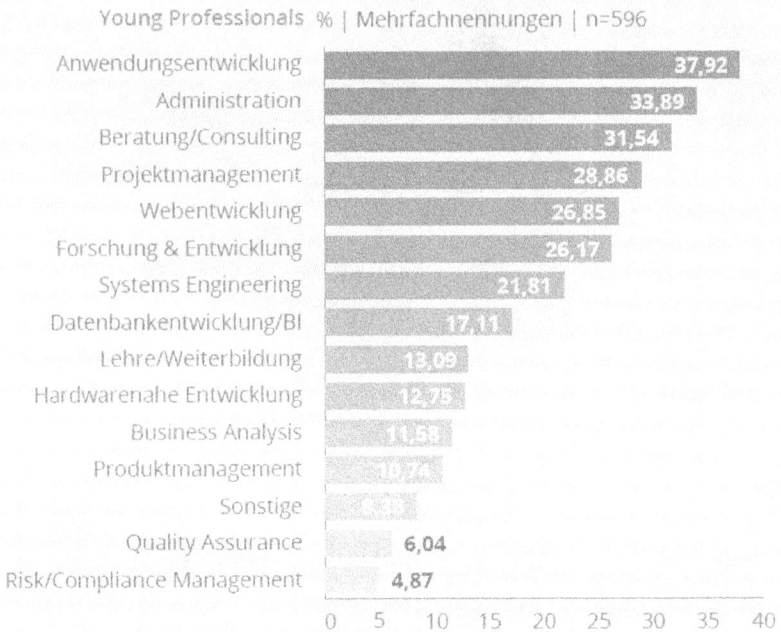

Young Professionals % | Mehrfachnennungen | n=596

Bereich	Wert
Anwendungsentwicklung	37,92
Administration	33,89
Beratung/Consulting	31,54
Projektmanagement	28,86
Webentwicklung	26,85
Forschung & Entwicklung	26,17
Systems Engineering	21,81
Datenbankentwicklung/BI	17,11
Lehre/Weiterbildung	13,09
Hardwarenahe Entwicklung	12,75
Business Analysis	11,58
Produktmanagement	10,74
Sonstige	
Quality Assurance	6,04
Risk/Compliance Management	4,87

IT´ler nehmen eine Sonderstellung in der vielfach analysierten Generation Y ein, wenn es um ihre beruflichen Erwartungen geht. Für die Studie „get started 2015" wurden mehr als 1.300 IT-Berufsstarter – von den Studienmachern „GenY@IT" genannt – zu ihren Einstellungen rund um den Berufsstart befragt.

Was macht einen Arbeitgeber für Dich besonders attraktiv?

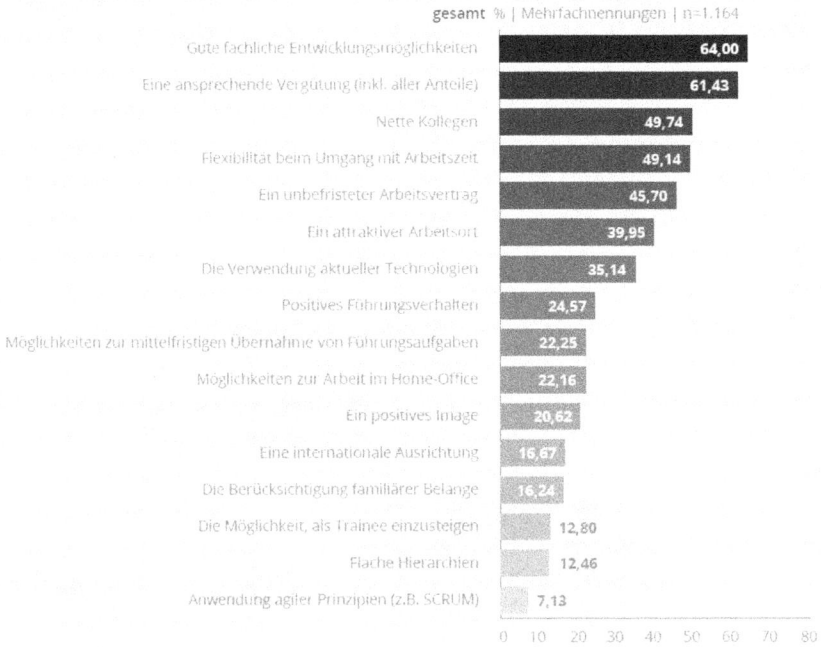

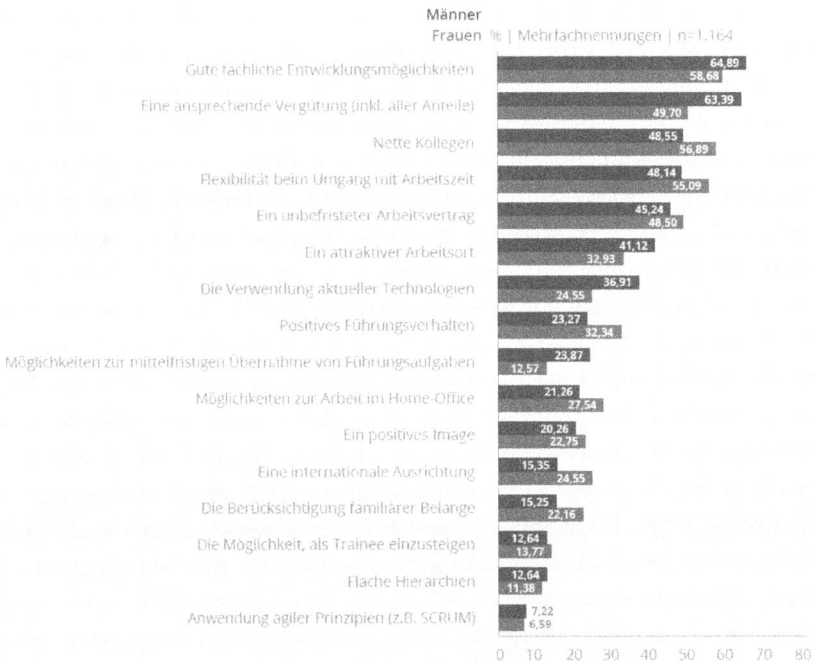

gesamt % | Mehrfachnennungen | n=1.164

Kriterium	Wert
Gute fachliche Entwicklungsmöglichkeiten	64,00
Eine ansprechende Vergütung (inkl. aller Anteile)	61,43
Nette Kollegen	49,74
Flexibilität beim Umgang mit Arbeitszeit	49,14
Ein unbefristeter Arbeitsvertrag	45,70
Ein attraktiver Arbeitsort	39,95
Die Verwendung aktueller Technologien	35,14
Positives Führungsverhalten	24,57
Möglichkeiten zur mittelfristigen Übernahme von Führungsaufgaben	22,25
Möglichkeiten zur Arbeit im Home-Office	22,16
Ein positives Image	20,62
Eine internationale Ausrichtung	16,67
Die Berücksichtigung familiärer Belange	16,24
Die Möglichkeit, als Trainee einzusteigen	12,80
Flache Hierarchien	12,46
Anwendung agiler Prinzipien (z.B. SCRUM)	7,13

0 10 20 30 40 50 60 70 80

Was macht einen Arbeitgeber für Dich besonders attraktiv?

Männer
Frauen % | Mehrfachnennungen | n=1.164

Kriterium	Männer	Frauen
Gute fachliche Entwicklungsmöglichkeiten	64,89	58,68
Eine ansprechende Vergütung (inkl. aller Anteile)	63,39	49,70
Nette Kollegen	48,55	56,89
Flexibilität beim Umgang mit Arbeitszeit	48,14	55,09
Ein unbefristeter Arbeitsvertrag	45,24	48,50
Ein attraktiver Arbeitsort	41,12	32,93
Die Verwendung aktueller Technologien	36,91	24,55
Positives Führungsverhalten	23,27	32,34
Möglichkeiten zur mittelfristigen Übernahme von Führungsaufgaben	23,87	12,57
Möglichkeiten zur Arbeit im Home-Office	21,26	27,54
Ein positives Image	20,26	22,75
Eine internationale Ausrichtung	15,35	24,55
Die Berücksichtigung familiärer Belange	15,25	22,16
Die Möglichkeit, als Trainee einzusteigen	12,64	13,77
Flache Hierarchien	12,64	11,38
Anwendung agiler Prinzipien (z.B. SCRUM)	7,22	6,59

0 10 20 30 40 50 60 70 80

Angehende IT-Spezialisten sind bei ihrer Jobsuche mehr an harten Fakten, wie der Gehaltsfrage oder an Konzepten zur fachlichen Berufsentwicklung interessiert als Altersgenossen in anderen Berufsfeldern.

Wie schätzt Du Deine Chancen am Arbeitsmarkt ein?

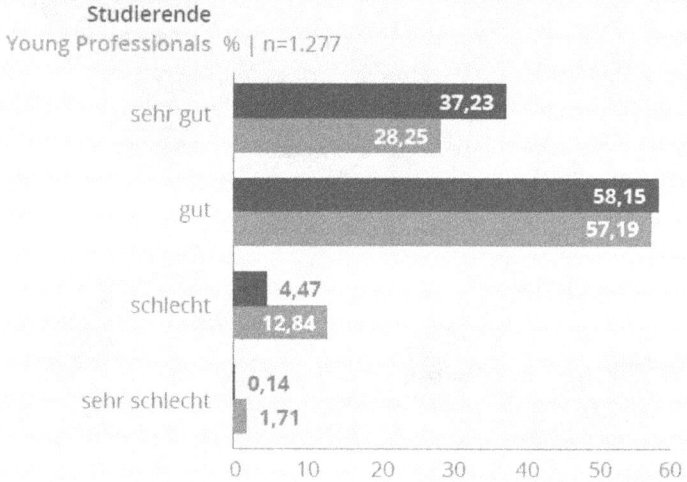

Studierende
Young Professionals % | n=1.277

sehr gut	37,23 / 28,25
gut	58,15 / 57,19
schlecht	4,47 / 12,84
sehr schlecht	0,14 / 1,71

0   10   20   30   40   50   60

Die harten Fakten zählen bei der Jobsuche

IT-Berufsstarter sind während ihrer Jobsuche im Vergleich zu ihren Altersgenossen in anderen Berufsfeldern deutlich mehr an harten Fakten wie der Gehaltsfrage oder der fachlichen Weiterentwicklung interessiert. Mehr als 60 Prozent nennen diese Aspekte an erster Stelle, wenn sie an den Berufseinstieg denken.

Was sind Deine Erwartungen an einen idealen Job?
Anteile der wichtigsten Nennungen

Herausforderungen/interessante Aufgaben	22 %
fachliche Weiterentwicklung	19 %
Vergütung/Einkommen	18 %
Work-Life-Balance/Flexible Arbeitszeiten/ Familienorientierung	17 %
Spaß/Freude	15 %

Wie gehst Du bei der Suche nach Deiner Einstiegsposition/ Deiner nächsten Position vor?

Studierende
Young Professionals % | n=1.264

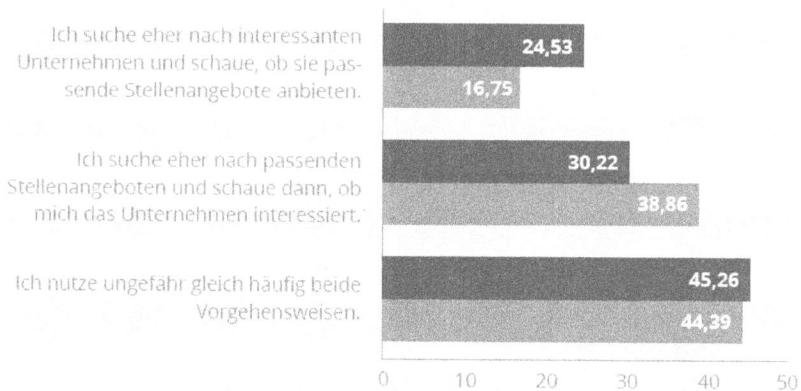

Vorgehensweise	Studierende	Young Professionals
Ich suche eher nach interessanten Unternehmen und schaue, ob sie passende Stellenangebote anbieten.	24,53	16,75
Ich suche eher nach passenden Stellenangeboten und schaue dann, ob mich das Unternehmen interessiert.	30,22	38,86
Ich nutze ungefähr gleich häufig beide Vorgehensweisen.	45,26	44,39

Mehr als 60 Prozent der IT-Kandidaten sind diese beiden Aspekte besonders wichtig, wenn es um die Attraktivität eines Arbeitsplatzes geht. Erst mit großem Abstand folgen Faktoren zur Arbeitsatmosphäre wie etwa „Nette Kollegen" mit 50 Prozent. Die Berücksichtigung familiärer Belange (17 Prozent) oder die viel zitierten flachen Hierarchien (13 Prozent) sind deutlich nachgelagerte Berufsinteressen. Laut zahlreicher allgemeiner GenY-Analysen sind aber gerade diese „weichen Faktoren" im Rahmen einer ausgewogenen „Work-Life-Balance" hier sonst bestimmende Entscheidungskriterien.

Was macht für Dich einen attraktiven Berufseinstieg aus? /
Was hat für Dich einen attraktiven Berufseinstieg ausgemacht?

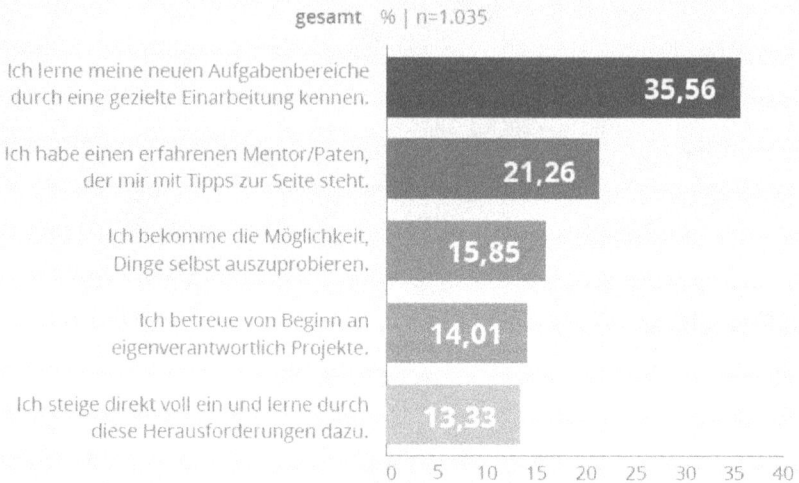

gesamt % | n=1.035

Ich lerne meine neuen Aufgabenbereiche durch eine gezielte Einarbeitung kennen.	35,56
Ich habe einen erfahrenen Mentor/Paten, der mir mit Tipps zur Seite steht.	21,26
Ich bekomme die Möglichkeit, Dinge selbst auszuprobieren.	15,85
Ich betreue von Beginn an eigenverantwortlich Projekte.	14,01
Ich steige direkt voll ein und lerne durch diese Herausforderungen dazu.	13,33

0   5   10   15   20   25   30   35   40

Spezialisten-Posten gefragt

Die It´ler in der GenY sind vor allem auf Spezialisten-Positionen aus, was sie sehr von anderen Berufseinsteigern unterscheidet. 54 Prozent der Befragten gaben an, dass es ihr Karriereziel sei, den Experten-Status in ihrem Job zu erreichen. Absolventen aus dem IT-Bereich streben in ihrer Laufbahn mehr nach Spezialisten- als nach Führungspositionen.

Konkrete Aufgabe ist attraktiver als die steile Karriere

30 Prozent der in der Studie befragten Studenten und Berufsstarter möchten vor allem innovativ in ihrem spezifischen Fachgebiet arbeiten, während zusätzliche 24 Prozent antworten, ihr primäres Karriereziel sei es, den Experten-Status in ihrem Fachgebiet zu erreichen. Zudem: Einen gelungenen Berufsstart macht für die Befragten primär eine gründliche Einarbeitung durch erfahrene Spezialisten oder

Mentoren aus. Das jedenfalls antworteten 57 Prozent der Teilnehmer. Zum Vergleich: Nur 14 Prozent der Teilnehmer streben gleich zu Beginn ihrer Laufbahn eigenverantwortliche Projekte an.

„Während es Berufsstartern allgemein oft wichtig ist, möglichst schnell ein möglichst hohes Maß an Verantwortung zu erreichen, ist die GenY@IT hier etwas realistischer unterwegs. Sie ist deutlich mehr inhaltlich getrieben, stellt ihre konkrete Aufgabe und die fachliche Fortentwicklung in das Zentrum ihrer beruflichen Ziele und weniger den Aufstieg im Rahmen einer hierarchisch ausgerichteten Karriere", erklärt Peter M. Wald, Professor für Personalmanagement an der HTWK Leipzig.

Dieser klare inhaltliche Fokus in der Jobsuche hat auch Auswirkungen auf den Blickwinkel, unter dem IT-Berufsstarter das Image von Arbeitgebern betrachten. So sagt ein Drittel von ihnen, dass sie bei ihrer Jobsuche primär auf die spezifische Herausforderung der jeweiligen Position achten als auf das allgemeine Arbeitgeberimage des ausschreibenden Unternehmens. Umgekehrt verhalten sich nur 21 Prozent der Studienteilnehmer.

„Arbeitgeber, die verstärkt auf der Suche nach IT-Experten sind, sollten darauf achten, dass sie in ihrem Personalmarketing die Vorzüge der bei ihnen anstehenden Aufgaben sowie die fachlichen Entwicklungsperspektiven in den Mittelpunkt stellen. Dafür bedarf es umfangreicher Arbeitgebermarken-Konzepte, die über das übliche Veröffentlichen von klassischen Stellenanzeigen auf Online-Jobbörsen oder das einfache Spiegeln der Karriereseite auf Business-Netzwerken hinausgehen", so Rainer Weckbach, Gründer und Geschäftsführer bei get in IT in Köln.

gesamt % | n=1.058

Ich möchte innovativ arbeiten und etwas bewegen. **29,87**

Ich möchte Experte auf meinem Fachgebiet werden. **23,91**

Ich möchte Beruf und Familie gut miteinander vereinbaren. **17,58**

Ich möchte eine Führungskarriere einschlagen. **16,73**

Ich möchte einem zukunftssicheren Beruf nachgehen. **11,91**

```
0    5    10   15   20   25   30
```

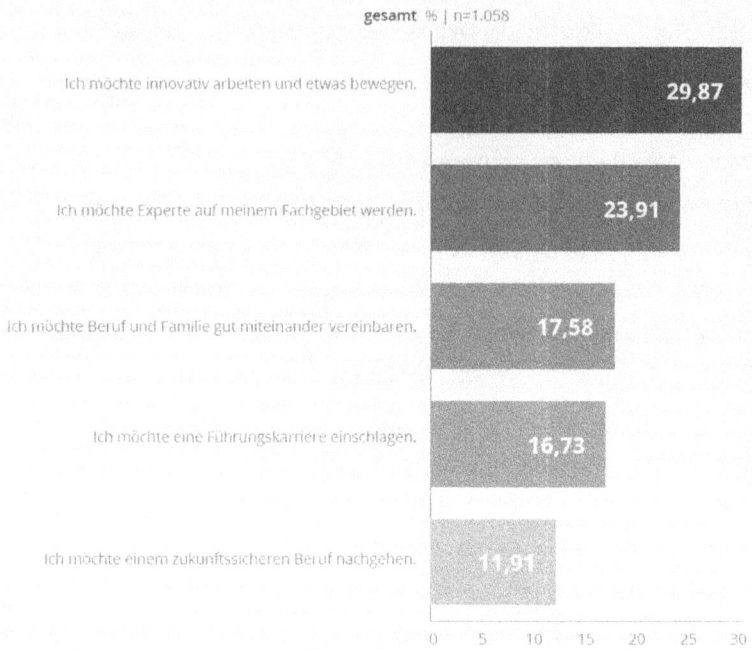

Was macht für Dich einen attraktiven Berufseinstieg aus? / Was hat für Dich einen attraktiven Berufseinstieg ausgemacht?

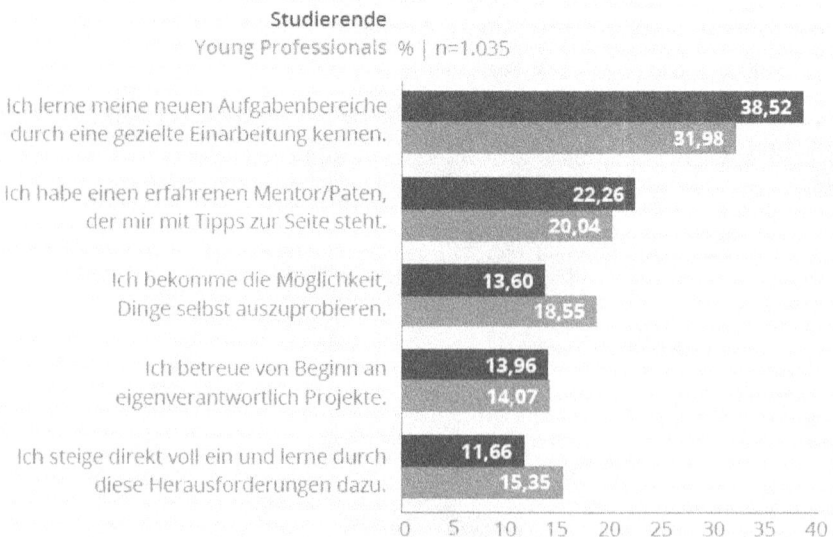

Studierende
Young Professionals % | n=1.035

Ich lerne meine neuen Aufgabenbereiche durch eine gezielte Einarbeitung kennen. **38,52** / **31,98**

Ich habe einen erfahrenen Mentor/Paten, der mir mit Tipps zur Seite steht. **22,26** / **20,04**

Ich bekomme die Möglichkeit, Dinge selbst auszuprobieren. **13,60** / **18,55**

Ich betreue von Beginn an eigenverantwortlich Projekte. **13,96** / **14,07**

Ich steige direkt voll ein und lerne durch diese Herausforderungen dazu. **11,66** / **15,35**

```
0    5    10   15   20   25   30   35   40
```

Auch GenY@IT ist sich guter Ausgangslage bewusst

Ein Punkt, in dem sich IT-Absolventen allerdings nicht von ihren Altersgenossen in anderen Branchen unterscheiden, ist die optimistische Einschätzung der eigenen Chancen auf dem Arbeitsmarkt in Zeiten des Fachkräftemangels. Denn 91 Prozent der Befragten sind überzeugt sehr gute (33 Prozent) oder gute (58 Prozent) Berufsperspektiven zu besitzen. „Die IT-Kandidaten innerhalb der GenY sind klare Gewinner des viel zitierten Wettbewerbs um die besten Köpfe. Sie sind äußerst gefragt und sich dieses Status auch absolut bewusst. Nur Arbeitgeber, die ein klares Bild davon zeichnen, welche Herausforderungen sie bei ihnen meistern können, sind im Wettbewerb um die Besten gut aufgestellt", sagt Rainer Weckbach.

Literatur

Die komplette Studie steht hier zum kostenlosen Download bereit:
www.get-in-IT.de/whitepaper

Erfahrungen von IT-Experten: Rollen, Risiken und Verantwortlichkeiten

von Margit Wehning

Studie zum Thema IT-Karrieren

**In der Geschichte jedes Unternehmens gibt es entscheidende Schlüssel-
momente. Solche wesentlichen Meilensteine lassen sich auch in der persönlichen Karriere jeder Führungskraft identifizieren. Mal sind es die großen Erfolge, mal Krisen oder einfach besondere Situationen, die für einen
selbst zu Schlüsselmomenten werden.**

In einer von Colt Technology Services beauftragten Studie wurde untersucht, welche Schlüsselmomente in der Karriere von IT-Managern zählen, welche Faktoren
eine Entscheidung beeinflussen und wie IT-Profis Risiken für sich und das Unternehmen wahrnehmen. Dazu wurden 301 europäische Technologieentscheider aus
Deutschland, Frankreich und Großbritannien befragt. Die Unternehmen der meisten
Teilnehmer lagen vom Umsatz zwischen 100 Millionen Euro und 500 Millionen Euro.

Mit der Durchführung der Studie wurde die Firma Loudhouse aus London beauftragt.

Welche Schlüsselmomente zählen in einer IT-Karriere?

Innerhalb der Studie zeigte sich, dass IT-Experten ihren beruflichen Erfolg heute stärker an entscheidenden Schlüsselmomenten messen als an der täglichen Arbeit.

Folgende Ereignisse wurden als die wichtigsten gewertet:

- Veränderungen der Infrastruktur (67%)
- Externe Ereignisse wie Ausfälle und technische Probleme (63%)
- Reaktion auf neue Kundenanforderungen (60%)
- Neue rechtliche und regulatorische Vorgaben (57%)

Die Analyse der genannten Schlüsselmomente zeigt einen Konflikt zwischen den eigenen Zielen und der täglichen Arbeit der Befragten. Kundenrelevante Erfolge zählen zwar zu den positiven Ereignissen. Die Studie ergab aber auch, dass es besonders die intern ausgerichteten IT-Projekte sind – ob positiv oder negativ verlaufend –, die in der Wahrnehmung der IT-Spezialisten Einfluss auf ihre Karriere haben. Selbst dann, wenn diese Projekte sich aus ihrer Sicht nur gering auf das Gesamtunternehmen auswirken.

Die Autoren des Buches: Margit Wehning

Margit Wehning leitet bei Colt Technology Services das Marketing und die Unternehmenskommunikation für Deutschland, Österreich und die Schweiz. Sie ist seit 2013 für Colt tätig. Zuvor hatte Margit Wehning verschiedene PR-Positionen in Agenturen mit dem Schwerpunkt Technologie/IT sowie in Unternehmen in Deutschland und der Schweiz inne.

Auf Basis eines eigenen umfassenden Glasfasernetzwerks bietet Colt Unternehmen weltweit Netzwerk- und Sprachservices.

Marketing & Communications Manager DACH bei Colt Technology

Services GmbH - Die Autorin Margit Wehning ist erreichbar unter

Tel.: +49 (0) 69 56606 3531 und E-Mail: margit.wehning@colt.net

Da stellt sich die Frage: Sind IT-Manager sich ihrer Bedeutung für den Erfolg des gesamten Unternehmens bewusst? Und ist das ein Indiz für mangelnde Identifika- tion mit den Unternehmenszielen? Die Untersuchung ergab, dass IT-Manager im Falle von Projektabwicklungen und auch bei Problemen sowie Ausnahmesituationen viel eher auf persönliche Kenntnisse und die Fähigkeiten des internen IT-Teams ver- trauen, als auf die Unterstützung von externen Dienstleistern oder dem gesamten Unternehmen (siehe Abb. 3).

IT-Abteilungen sind ein wichtiger Faktor für Wachstum, Profitabilität und die Un- ternehmensausrichtung. Unternehmen jeder Art und Größe investieren mehr und mehr, um die Chancen der Digitalisierung zu nutzen und mit ihr aufkommende Pro- bleme zu bewältigen. In diesem Kontext gewinnt die Rolle der IT – und damit auch die der IT-Manager – eine immer größere Bedeutung. Ihre Entscheidungen haben einen wesentlichen Einfluss auf die Prozesse innerhalb des Unternehmens und da- mit auch auf den Gesamterfolg. Doch auf welcher Basis treffen CIOs eigentlich ihre Entscheidungen?

Der Fokus liegt also auf der IT-Abteilung selbst. Nach Häufigkeit sortiert entspra- chen die berichteten positiven und negativen Ereignisse den Prioritäten der IT-

'Moments that Matter'	Frequenz
IT-Abteilung profitiert	75
Kundenorientierten Leistungen	56
Unternehmen / Mission Alignment-Projekten	26

Abb. 1: Berichtete positive Ereignisse der IT-Manager

'Moments that Matter'	Frequenz
IT-Sicherheitsfragen	71
IT-Infrastruktur-Themen	42
IT-Management-Themen	27
Unternehmen / Wettbewerbs- und Kundenprobleme	21

Abb. 2: Berichtete negative Ereignisse der IT-Manager

Worauf verlassen Sie sich – auf Fakten oder Instinkt?

Oft existieren zahlreiche Daten, Informationen und Erkenntnisse, die als Basis für eine fundierte Entscheidungsfindung herangezogen werden können. Auch Ratschläge externer Experten oder interner Kollegen aus anderen Bereichen können wertvolle Aspekte enthalten. Man würde annehmen, dass all diese Möglichkeiten herangezogen werden, wenn es um wichtige Entscheidungen geht.

Weit gefehlt. 68% der befragten IT-Experten sind davon überzeugt, unter Druck Entscheidungen in erster Linie nach Instinkt und Erfahrung zu treffen. 71% glauben sogar, dass Intuition und persönliche Erfahrungen insgesamt für eine erfolgreiche Strategie effektiver sind als die Analyse von Daten. Berufliche Erfahrung und die Fähigkeit Situationen richtig einzuschätzen, gelten als wichtigste Faktoren, wenn es um Entscheidungen geht.

Gerade in der digitalen Welt wird es aber immer wichtiger, dass IT-Spezialisten mit dem gesamten Unternehmen zusammenarbeiten, um die bestehenden Kompetenzen zu nutzen.

Fähigkeiten interner IT Teams	66%
Persönliche Fähigkeiten und Erfahrungen	45%
Erfahrene und zuverlässige Service Provider	42%
Politischer Support anderer Organisationseinheiten	25%
Effektive Notfallplanung	24%
Günstige Umstände und Zeiten	16%
Angemessene Verträge und Servicevereinbarungen	15%

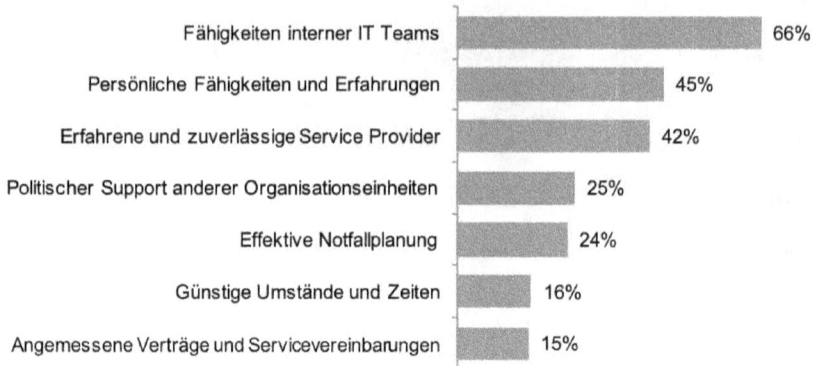

Abb. 3: Erfolgsfaktoren zur Unterstützung von Projekten und zur Risikominimierung

Auch externe Ressourcen wie Marktdaten, externe Unternehmensberater oder Analysten sollten stärker berücksichtigt werden. Das Ziel sollte sein, das Wissen der externen Dienstleister in die Entscheidungsfindung miteinzubeziehen. So lassen sich auch Probleme mit denen man selbst keine Erfahrungen hat leichter lösen (siehe Abb. 4).

Persönliches Risiko vs. Unternehmensrisiko

Neben den Entscheidungen spielen auch Risiken im Unternehmen eine erhebliche Rolle. Vor allem Veränderungen, hauptsächlich aufgrund der Digitalisierung, bringen immer ein gewisses Risiko mit sich, für Unternehmen ebenso wie für die handelnden Personen.

Folgen wir dem richtigen Trend? Werden wir mit der neuen Idee Erfolg haben? Eine klare Antwort darauf gibt es oft nicht. Was aber feststeht, ist die Tatsache, dass ausbleibende Veränderungen ebenfalls Risiken bergen. Und diese sind nicht zu unterschätzen. Die Frage ist, ob die IT weit genug ist, diese Risiken zu erkennen und auf sie zu reagieren.

Berufliche Erfahrung
Persönliches Urteil anhand der gegebenen Situation

Rat von Dritten
Rat von vertrauenswürdigen Technologiepartnern, Kollegen und Lieferanten

Daten & Informationen
Zur Beschreibung der aktuellen Markt-/Technologie Situation erfasste Daten

Rat aus dem Unternehmen
Beratung durch Kollegen aus der IT oder anderen Unternehmensbereichen

Abb. 4: Faktoren auf deren Basis Entscheidungen getroffen werden

Aus der Sicht des Managements kommt dieser Abwägung in der heutigen Zeit eine immer größere Bedeutung zu, denn der Erfolg grundlegender Veränderungen hängt maßgeblich von den Fähigkeiten der Mitarbeiter ab. Grund: Heute sind alle auf einem digitalen Spielfeld aktiv, das früher reinen IT-Experten vorbehalten war.

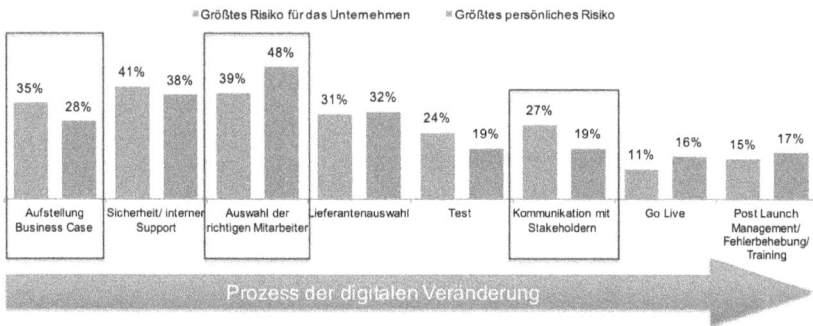

■ Größtes Risiko für das Unternehmen   ■ Größtes persönliches Risiko

Aufstellung Business Case	Sicherheit/ interner Support	Auswahl der richtigen Mitarbeiter	Lieferantenauswahl	Test	Kommunikation mit Stakeholdern	Go Live	Post Launch Management/ Fehlerbehebung/ Training
35% / 28%	41% / 38%	39% / 48%	31% / 32%	24% / 19%	27% / 19%	11% / 16%	15% / 17%

Prozess der digitalen Veränderung

Abb.6: Größte Risiken der Digitalisierung im Unternehmen

Viele einschneidende Ereignisse werden durch interne und externe Krisen ausgelöst, die Mitarbeiter zunächst aus dem Gleichgewicht bringen. Folgende Ereignisse haben erhebliche Auswirkungen auf ein Unternehmen:

Die größte Diskrepanz in der Wahrnehmung liegt dabei in den Bereichen „Aufstellung eines Business Case", „Auswahl der richtigen Mitarbeiter" und „Kommunikation mit Stakeholdern".

In der Ansicht, dass der Verzicht des Austauschs mit dem gesamten Unternehmen kein erhebliches Risiko für die IT darstellt, zeigt sich eine deutliche Schwäche in der Arbeitsweise vieler CIOs.

	Summe
Äußere Ereignisse wie Ausfälle oder Katastrophen, die zu technischen Krisen führen	19%
Management neuer technischer Infrastrukturen/Veränderungen	18%
Zwang, auf neue Kundenanforderungen oder Branchentrends zu reagieren	15%
Neue Vorschriften/ regulatorische Veränderungen	15%
Auswirkungen der digitalen Entwicklung auf zentrale Geschäftsprozesse und digitale Kundenschnittstellen	13%
Neues Geschäftsmodell als Reaktion auf digitale Veränderungen im Unternehmen/in der Branche zur Erfüllung von Kundenerwartungen	6%
Steigender Wettbewerb durch neue Marktteilnehmer	6%
Netzwerkumbau zur Erfüllung digitaler Anforderungen bei den von Ihrem Unternehmen angebotenen Services	4%
Expansion in neuen Markt oder Fusion/Übernahme	4%

Abb. 5: Größte IT-Risiken für Unternehmen

IT als maßgeblicher Treiber für Innovation im Unternehmen steht in den kommenden Jahren vor großen Herausforderungen. Um diese zu bewältigen müssen CIOs ihre strategische Rolle annehmen und ihren persönlichen Erfolg mit dem des Unternehmens verbinden.

IT-Abteilungen dürfen nicht als isolierte Organisation wahrgenommen werden – so ist das Unternehmen in der Lage Wettbewerbsvorteile zu kreieren.

Trendreport Arbeiten 4.0

von Stefanie Hornung

Im Laufe des Jahres 2016 haben sich im Zuge der Personalmessen sechs Trends, die hinter dem Top-Thema Zukunft der Arbeit stecken, herauskristallisiert.

Trend 1: Cowork von Mensch und Maschine

Roboter als Kollegen prägen immer stärker unser Arbeitsumfeld – aus Robots werden Cobots. Prozesse laufen dabei meist halbautomatisiert ab. Entscheidungen werden von Maschinen vorbereitet und von Menschen getroffen. Exemplarisch lässt sich dies in der Personalgewinnung beobachten: Während Algorithmen die Vorauswahl übernehmen, bleibt das Bewerbungsgespräch und die finale Wahl der Kandidaten den Recruitern vorbehalten – noch. Bereits heute gibt es erste Versuche mit Robotern, die auch Interviews führen. „Robot-Recruiting" in all seinen Formen bietet jedenfalls für Personaler klare Vorteile: Kandidaten erhalten rund um die Uhr ein schnelles Feedback, während sie selbst mehr Zeit für den persönlichen Austausch mit den Kandidaten, das Talent Relationship Management oder strategische Fragen haben.

Trend 2: Kulturwandel – agil und anpassungsfähig werden

Sensoren, Business Analytics, Displays, Mensch-Maschine-Schnittstellen – Unternehmen müssen sich heute ständig hinterfragen und überlegen, inwiefern neue digitale Geschäftsmodelle ihre Existenz gefährden. Die Veränderung in Unternehmen wird hochfrequenter. Deshalb ist Agilität gefragt: Unternehmen übertragen

Methoden der Softwareentwicklung auf ihre Organisationsstrukturen, um schneller auf Marktentwicklungen reagieren zu können. Doch auch agile Methoden sind kein Allheilmittel: Sie sind dann das bessere Organisationsprinzip, wenn Unternehmen einem disruptiven Wandel unterliegen. In einem stabilen Umfeld können sie aber auch von Nachteil sein.

Trend 3: Digital Leadership – Experimente bitte!

Vertrauen reduziert Komplexität. Die Erkenntnis des Soziologen Niklas Luhmann ist aktuell die neue Leitlinie für Führung. Führungskräfte sollen auf die Partizipation jedes einzelnen Mitarbeiters hinwirken, als Vorbild und Coach. Dazu lassen sich immer mehr Arbeitgeber auf Experimente ein, testen in einzelnen Teams pilotartig neue Formen von Führung und tragen erfolgreiche Ansätze in die Breite. Ein weiterer Aspekt: Entscheidungsfindung basiert zunehmend auf Zahlen, Daten, Fakten – und immer weniger auf Hierarchien. „Predictive Analysis" sagen voraus, wann Beschäftigte das Unternehmen verlassen könnten und ein Mitarbeitergespräch sinnvoll wäre. Auch die Strategien für Diversity und Inklusion können auf Datenanalysen beruhen. Die Zahlen geben den Managern viele Dinge vor, egal ob sie das gut finden oder nicht. Durch Feedback-Tools wie kununu & Co steht ihre Arbeit auf dem Prüfstand.

Trend 4: Liquid Workforce – Innovationen aus der Crowd

Arbeitnehmer fordern heute mehr Flexibilität. Diese Haltung befeuert unter anderem das sogenannte Crowdworking: Über Plattformen schreiben Unternehmen verschiedenste Aufgaben aus – von anspruchslosen Micro-Tasks bis hin zu Forschungs-, Entwicklungs- oder Designaufgaben. Unternehmen bieten sich dabei insbesondere spannende Möglichkeiten im Innovationsmanagement. Doch die Diskussionen auf der Messe Zukunft Personal 2016 legen nahe: Nur wenn Arbeitgeber, Gewerkschaften, Politik, Plattformen sowie die User selbst an einem Strang ziehen und gemeinsam die Zukunft des Crowdworking gestalten, werden sie die Potenziale bestmöglich heben und die Risiken für alle Seiten mindern können. Gleichzeitig macht sich das Prinzip der Weisheit von Vielen auch in den Unternehmen selbst breit, interne und externe Netzwerke können die Organisationsstruktur der Zukunft werden.

Trend 5: Weiterbildung – Digitales Mindset erleben

Personalexperten sind sich einig, dass künftig alle Berufsfelder eine digitale Komponente haben werden und Mitarbeiter dafür ihre Kompetenzen weiterentwickeln müssen. 80 Prozent der Beschäftigten teilen diese Auffassung laut der aktuellen Studie „Arbeitsqualität und wirtschaftlicher Erfolg", die das Bundesministerium für Arbeit und Soziales in Auftrag gegebenen hat. Im Zuge der Digitalisierung sind jedoch nicht nur neue Lerninhalte vonnöten – auch die Lernmethoden wandeln sich. Mit Datenbrillen bekommt der Mitarbeiter in der Produktion die Schweißvorlagen skizziert, die er ausarbeiten soll. In Sachen Wissensarbeit wiederum treten derartige Assistenzsysteme in Form von Siri, Alice & Co auf den Plan: Computerprogramme oder Apps entwickeln sich zunehmend zu persönlichen Lehrern. Derweil üben Unternehmen andere neuartige Lernformaten, bei denen Mitarbeiter ein digitales Mindset direkt erleben sollen.

Trend 6: Employee Experience – der zufriedene Mitarbeiter

Wie glücklich und zufrieden sind Mitarbeiter an ihrem Arbeitsplatz? Diese Frage hat Arbeitgeber früher nicht besonders interessiert. Doch zunehmend setzt sich die Erkenntnis durch, dass Gesundheit und Wohlbefinden der Mitarbeiter sich positiv auf Leistungsfähigkeit, Produktivität, Engagement und Kreativität von Unternehmen auswirkt. Der Spaßfaktor wird folglich bei vielen Ansätzen von „New Work" großgeschrieben. Selbstverständlich bemühen sich Arbeitgeber nicht aus reiner Selbstlosigkeit um die Mitarbeiter, sondern weil davon beide Seiten etwas haben. In der Praxis zeigt sich häufig: Solange die Mitarbeiter von mehr Spaß, Selbstbestimmung oder gesünderen Arbeitsbedingungen profitieren, haben sie gegen eine solche Win-Win-Situation nichts einzuwenden. Arbeitgeber können vermutlich nur auf diese Weise hochqualifizierte Fachkräfte gewinnen und in ihren Organisationen halten.

Den ausführlichen Trendreport mit Praxisbeispielen herunterladen:

http://www.zukunft-personal.de/fileadmin/Zukunft-Personal/Pressemitteilungen/
PDFs/Zukunft-Personal_Trendreport_2016_web.pdf

Digitalisierung - HR Future Trends

von Melanie Vogel

Die vierte Industrielle Revolution ist in vollem Gange. Die Befürchtung ist groß, dass diese mehr Jobs zerstören als neue schaffen wird. Die Gefahr einer Zweiklassengesellschaft droht - bestehend aus jenen, die mit der Digitalisierung Schritt halten, und jenen, die genau das versäumen. Um das zu verhindern sollten Unternehmen und HR-Abteilungen fünf Tiefdruckgebiete im Auge behalten.

Das ist eine der Schlussfolgerungen Umfrage „HR Future-Trends 2016", die jährlich von der Bonner AGENTUR ohne NAMEN durchgeführt wird.

Das diesjährige Thema war „Veränderung und Transformation im Windschatten von Industrie 4.0 und Digitalisierung". 103 Unternehmen aus Deutschland haben sich von Anfang März bis Ende Mai 2016 in der Online-Befragung geäußert. Die Ergebnisse in diesem Jahr zeigen deutlich, dass viele Belegschaften auf einem schmalen Grad zum Burnout wandeln. Fachkräftemangel, demografischer Wandel und ein massiver Veränderungsprozess sorgen für fünf Tiefdruckgebiete, denen sich Unternehmen widmen sollten.

Die Menschheit konnte sich bisher immer darauf verlassen, dass Veränderungen in Generationen erfolgten. Seit dem Beginn des Informationszeitalters ist diese Gewissheit jedoch ständigen Prüfungen unterzogen. Und das bleibt nicht ohne Auswirkungen.

Schon heute rückt die menschliche Wertschöpfung durch die Automatisierung in den Hintergrund. Unternehmen vertrauen der Technik mehr als den Menschen – und das wird die Entstehung der Zweiklassengesellschaft verstärken, wenn hier nicht gegengesteuert wird.

5 Tiefdruckgebiete verlangen daher die Aufmerksamkeit von Unternehmensführung und HR-Abteilungen:

Arbeitsvolumen

Nicht nur die Digitalisierung, sondern auch der demografische Wandel werden für eine Verknappung von Talenten sorgen. Schon heute geben 54,1 % der Unternehmen an, nicht genügend qualifizierte Bewerbungen zu bekommen, 41,9 % klagen über akuten Fachkräftemangel. Das ergaben die „HR Future-Trends 2016" der AGENTUR ohne NAMEN. Gleichzeitig wird das Arbeitsvolumen nicht weniger, sondern vermutlich mehr. Denn die Jobs, die nicht von der Automatisierung und Digitalisierung betroffen sein werden, sind komplexer, verlangen mehr Aufmerksamkeit und vor allem ein höheres Maß an Kreativität und persönlichem Einsatz. Veränderungsbereitschaft, Querdenken, mentale Flexibilität und interkulturelle Kompetenzen sind nicht umsonst Kompetenzen, die an Wichtigkeit zunehmen. Auch das zeigten die „HR Future-Trends 2016" deutlich.

Beschleunigte Change-Prozesse

Die Digitalisierung setzt Unternehmen unter Zugzwang. Um mit den Veränderungen Schritt halten und dem Innovationsdruck standhalten zu können, durchlaufen Unternehmen immer häufiger Change-Prozesse. Fast 40 % der Befragten begleiten Change-Prozesse jedoch nicht durch entsprechende Personalentwicklungs- und Weiterbildungsprogramme. Dabei wäre genau das notwendig, denn sehr oft sind die Veränderungsprozesse im beruflichen Bereich bei einzelnen Mitarbeitenden mit Ängsten verbunden, die sich in vielen Fällen auch auf den privaten Bereich übertragen. Die Haltbarkeitsdauer von Beziehungen verkürzt sich, die Dynamik im beruflichen und privaten Bereich sorgt für Stress.

Zunehmende Emotionsarbeit

Digitalisierung und Automatisierung übernehmen immer mehr Routine-Tätigkeiten im produzierenden Bereich. Die Sektoren menschlicher Arbeit beschränken sich zunehmend mehr auf den Dienstleistungsbereich. Schwierige Kunden und emotionale Dissonanzen sind Sphären, die bislang noch von keinem Roboter-System übernommen werden können. Die Zunahme an Emotions- und Beziehungsarbeit ist eine der größten Belastungen überhaupt, denn auf eine zunehmend dienstleistungsorientierte Ökonomie werden Menschen bislang weder ausgebildet noch vorbereitet. Wenig überraschend geben daher auch 44,6 % der für die „HR Future-Trends 2016" befragten Unternehmen an, die psychische Belastung nehme zu.

Steigender Verantwortungsdruck

Die Arbeitswelt 4.0 zeichnet sich nicht nur durch neue Berufe, Tätigkeitsfelder und eine Verschiebung der Arbeit von Menschen auf Maschinen aus, sondern auch durch eine Zunahme an Verantwortung. Politik und Ökonomie verlagern immer mehr Verantwortung auf das Individuum. Persönliche Weiterbildung, Empowerment, Vereinbarkeit von Beruf und Familie – der Mensch wird an vielen Stellen seines Lebens zum Lebens-Unternehmer, ohne die entsprechende „Gründungsberatung" an die Hand zu bekommen. Auch innerhalb der Unternehmen steigen die Anforderungen und damit auch der Verantwortungsdruck, gaben 70,3 % der für die „HR Future-Trends 2016" Befragten an. Zusätzlich stellen 39,2 % einen vermehrten Anstieg psychischer Erkrankungen fest.

Verlängerte Lebensarbeitszeit

Westliche Gesellschaften werden nicht nur älter an Lebensjahren, sondern der demografische Wandel sorgt auch für eine strukturelle Verknappung von Fachkräften. In der Folge werden Menschen länger arbeiten müssen. In 50,6 % der für die „HR Future-Trends 2016" befragten Unternehmen ist die Belegschaft älter als 40 Jahre und in 16,8% der Unternehmen werden 20-30 % der Mitarbeitenden in den kommenden fünf Jahren in Rente gehen. Schon heute steigt in 51,4 % der Unternehmen die Arbeitszeit der außertariflich beschäftigten Mitarbeitenden.

Demografiemanagement und betriebliches Gesundheitsmanagement werden zunehmend wichtiger, um die Leistungsfähigkeit der Mitarbeitenden langfristig zu erhalten.

Über die „HR Future-Trends 2016"

Die Umfrage „HR Future Trends" wird jährlich von der Bonner AGENTUR ohne NAMEN durchgeführt. „Veränderung und Transformation im Windschatten von Industrie 4.0 und Digitalisierung" lautete das Thema der diesjährigen Umfrage. 103 Unternehmen aus Deutschland haben sich von Anfang März bis Ende Mai 2016 in der Online-Befragung geäußert. 27 % zählen mit jeweils über 5.000 Mitarbeitenden zu den Großunternehmen, über 40 % sind KMU.

Die Ergebnisse stehen zum kostenfreien Download zur Verfügung:

https://www.agenturohnenamen.de/ueber_uns/hr_future_trends/

Personalabteilungen brauchen bessere IT-Auswertungen

von Burgy Zapp von Schneider-Egestorf

Human Resources und Talent Management befasst sich damit, beim Wettbewerb um möglichst talentierte Arbeitskräfte möglichst gut abzuschneiden. Die Human Resources Messen werden immer wichtiger.

Es gab in Deutschland mehrere Generationen an Arbeitskräften, die sich in hohem Grad mit ihrem Arbeitsplatz identifizierten. Sie bezogen ihren Selbstwert, ihr Selbstgefühl ganz wesentlich aus Job, Position und Arbeitgeber. Freizeit und Urlaub waren Belohnung und Ergänzung des Berufslebens.

Berufsleben, das gibt es heute so nicht mehr. Heute redet man von der Arbeit, vom Job, vom Büro. Die neue Generation – spätestens die Generation Y – ist mehr noch als alles andere Privatperson, ein Individuum, eine Persönlichkeit.

Zu dieser Persönlichkeit gehören vielleicht auch mal Status Symbole – kein Porsche für 100.000 Euro aber eventuell ein cooles Fahrrad, keine weiße Ledercouch aber vielleicht ein Smartphone.

Diese neue Generation ist im Wohlstand aufgewachsen. Sie ist oft sehr gut ausgebildet, und auch die künftigen Generationen werden sehr gut ausgebildet sein und sich weniger dem Wertesystem des möglichst hohen Einkommens beugen wollen.

An diesen neuen Generationen kann auch ein steigender Mangel an verfügbaren Arbeitskräften abgelesen werden: Es gibt immer weniger junge Arbeitskräfte. Demnach wird erwartet, dass die Leistung unserer Volkswirtschaft(en) sinken wird.

Einzige Hoffnung sind die von vielen zu unrecht geschmähten Ausländer, die hoffentlich weiterhin zuwandern werden, um unter anderem berentete und pensionierte Arbeitskräfte zu ersetzen. Für manche Berufsgruppen, wie Lehrer, wurde die noch vor wenigen Jahren herabgesetzte Altersruhegrenze wieder angehoben. Denn glücklicherweise geht es der Wirtschaft im deutschsprachigen Raum gut, das liegt weniger am deutschsprachig, vielmehr an den wirtschaftsfreundlichen Reformen (z. B. Agenda 2010), dem hohen Stand an Technologie (z. B. komplexer Maschinenbau), sicher auch am Knowhow (z. B. Mittelstand) und viel Ausbildung (Quote an Studenten steigt weiter).

Wenn die südeuropäischen Länder und unsere Nachbarn, allen voran Frankreich, dringende Reformen nicht umsetzen, wird vielleicht auch bald zum Beispiel die französische Wirtschaft dem Verteilungskampf Gewerkschaft & Co. durch Verlagerung ins Ausland entfliehen. Im deutschsprachigen Raum verhält es sich teils anders herum – talentierte Arbeitnehmer sind Mangelware. Lebenslange Betriebstreue ist nicht mehr selbstverständlich.

Talent Analytics: Jenseits des Hypes

Im April 2014 veröffentlichte Madeline Laurano, Research Director, Human Capital Management bei der LauranoAberdeenGroup, die Ergebnisse einer Studie zum heutigen Status in den Personalabteilungen. Der nachfolgende Auszug zeigt interessante Daten aus der Studie Talent Analytics.

Talent Analytics ist einer der am wenigsten verstandenen Bereiche des Human Capital Managements. Nur 30 % der Unternehmen werten Talent Data im Zusammenhang mit Geschäftsdaten aus, um die Auswirkungen auf den Geschäftserfolg zu messen. In Zukunft müssen sich Personalabteilungen darauf einstellen, nicht nur detaillierte Auskunft über die jeweils aktuelle Personalsituation zu geben, sondern auch begründete Vorhersagen zu künftig für den Geschäftserfolg benötigten Talenten zu erstellen.

Während andere Geschäftsbereiche sehr schnell Analytics für sich nutzbar machen, hinkt der Human Resources Bereich hinterher.

Figure 1: Visibility into Data is a Top HCM Pressure

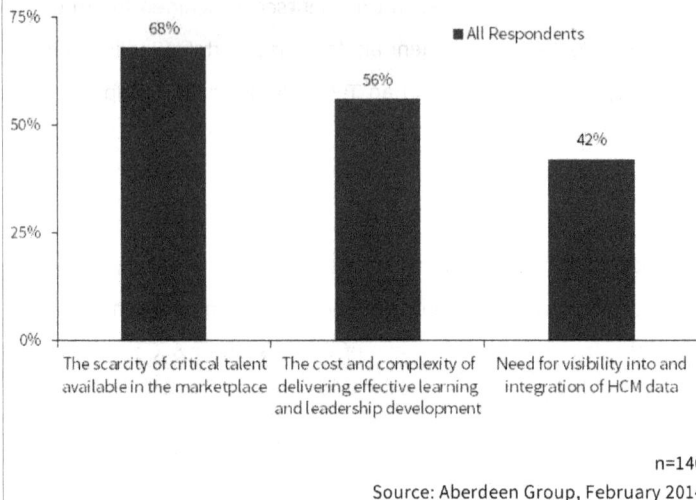

68%	56%	42%
The scarcity of critical talent available in the marketplace	The cost and complexity of delivering effective learning and leadership development	Need for visibility into and integration of HCM data

■ All Respondents

n=140
Source: Aberdeen Group, February 2014

Von den befragten Unternehmen kämpfen 42 % immer noch darum, mehr Informationen aus ihren Human Capital Management Daten zu gewinnen.

Aus der Vorrede ergibt sich das Bemühen der Arbeitgeber um die wenigen wirklich passenden Arbeitnehmer. Auch hat sich die Erkenntnis durchgesetzt, dass gute Arbeitskräfte zu halten einfach viel kostensparender ist, als neue zu finden und dann einzuarbeiten. Die Angestellten-Dankbarkeit der Krisenjahre ist verflogen. Unternehmen müssen sich zunehmend bemühen, attraktiv für die flexible neue Generation zu sein. Immer weniger ist das Gehalt der Hauptanreiz. Immer flexible-re Arbeitnehmer weichen unbefriedigenden Arbeitsbedingungen aus und wechseln den Arbeitgeber.

Cloud:

Aus Aberdeens Report „HCM Trends 2013: It´s a brave New World",
geht hervor, dass 31 % der Best-in-Class Unternehmen für die
Personalabteilung Cloud Lösungen bevorzugen, während der Anteil
der Cloud Nutzer bei den anderen Unternehmen (Mittelfeld und
„Spätzünder") nur 18 % beträgt. In diesem Zusammenhang stellte
Aberdeen fest, dass zusätzlich zu den erzielten Einsparungen bei
der eigenen IT, der Umsatz pro Vollzeitbeschäftigtem um 5 %
zunahm und gleichzeitig die Verwaltungskosten um 5 % sanken –
siehe nachfolgende Tabelle 1.

Table 1: Business Impact of Investing in Cloud

Business Impact	Cloud Solutions	Non-Cloud Solutions
Administrative Cost Savings	5%	1%
Improvement in Revenue per FTE	5%	3%

Source: Aberdeen Group, September 2013

Human Resources befasst sich heute damit, beim Wettbewerb um möglichst talentierte und engagierte Arbeitskräfte möglichst gut abzuschneiden. Die Human Resources Messen werden immer wichtiger. Die CeBIT Messegesellschaft lebt davon,
Trends zu erkennen und darauf basierend erfolgreiche Events auszurichten. So ist
es nicht verwunderlich, dass das Team hinter der CeBIT über ihre Messeableger
vier große Personal Messen im Angebot hat: Personal Nord, Personal Süd, Zukunft
Personal, Personal Austria. Auch die Schweiz hat ihre eigene Personal Messe, die
Personal Swiss in Zürich.

Soziale Verhaltenswissenschaften:

Es ist kaum möglich, den Zusammenhang zwischen Analytics und Informationen über Mitarbeiter zu leugnen. Objektive Daten werden für den Entscheidungsprozess unbedingt benötigt. Von den Studienteilnehmern gaben 59 % an, für den Anstellungsprozess und den optimalen Einsatz der Mitarbeiter objektive Daten zu benötigen.
Hier geht es unter anderem auch um die Frage der kulturellen Harmonie zwischen Bewerber und Untenehmen.

Figure 2: Decision Points where Assessment Data is Used Consistently

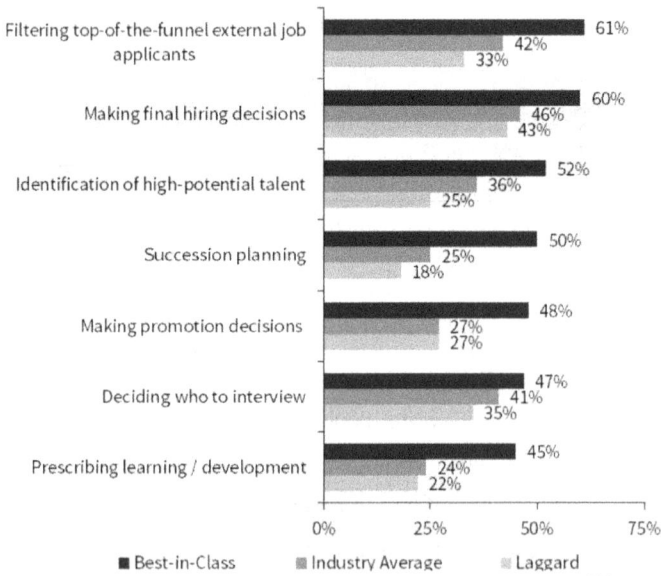

Source: Aberdeen Group, April 2014

Als Leser der NEWSolutions kennen Sie noch ein Unternehmen, das davon lebt Trends zu erkennen und seine Investitionen zu amortisieren, noch bevor die Wettbewerber die Schwierigkeiten einer neuen Branche / Technologie beherrschen und zur Konkurrenz werden. IBM Erfinder erhielten 2016 mehr als 8.000 US-Patente, über 2.000 davon betrafen die Bereiche künstliche Intelligenz, kognitive Systeme, kognitive Gesundheitslösungen und Cloud.

Im Dezember 2012 hat IBM für 1,3 Milliarden US Dollar Kenexa übernommen. Damals bot Kenexa eine vielleicht besonders fortschrittliche Mischung aus Cloud-Anwendungen zur Effizienzsteigerung von Mitarbeitern an. IBM fügte seine Social Media Kompetenz, Big Data und inzwischen Watson-Technologie hinzu und daraus entstand eine neue Gattung von Lösungen. Diese Lösungen werden vom Unternehmen gekauft, um den besten Mitarbeiter zu finden, ihn noch besser zu machen, ihn optimal einzusetzen und ihn oder sie so lange behalten zu können, wie möglich. Und nur nebenbei bemerkt, einer der Gründe warum wir wirtschaftlich so erfolgreich sind, liegt auch an der erfolgreichen Emanzipation. Kinder müssen noch immer erzogen werden, aber seitdem die Frau auch im generischen Maskulinum Platz findet, steht der Wirtschaft potenziell fast doppelt so viel Tatendrang, Kreativität und Intelligenz zur Verfügung.

Spätestens jetzt sollte der Standpunkt ausreichend mit Belegen unterfüttert sein, um direkt zum Plädoyer über zu gehen.

Big Data:

HR Daten sind vonvornherein Big Data. Sie sind sehr komplex und die Daten, die sich während des Beschäftigungsverhältnisses ansammeln sind meist heterogen und haben ein großes Volumen. Gegenwärtig sind 48 % der Geschäftsdaten unstrukturiert.

Wer in Zukunft die besten Arbeitskräfte anstellen, fördern und binden möchte benötigt dafür ein erstklassiges IT-basiertes Human Resources Management:

1. Zeitmanagement für Part Time Warum?

Weil das Glück in der Familie, mit Freunden und das Glück der flexiblen Freiheit nur schwer oder gar nicht mit Geld aufzuwiegen ist; das gilt für die Generation Y fast uneingeschränkt.

2. Talentsuche

Warum? Gute Arbeitskräfte sind knapp. Begabte und gut ausgebildete klicken noch weiter im Internet herum, wenn ihr künftiger Arbeitgeber mit ihnen schon „social" Kontakt bei z. B. Xing, LinkedIN, Google+ aufnimmt. Zunächst muss man jedoch wissen, welche Talente man für welchen Job benötigt, damit man die richtigen Bewerber aussuchen kann.

3. Talent binden & weiterbilden

Talentierte Arbeitnehmer können es sich leisten, individuelle Bedürfnisse zu entwickeln. Mit guten Informationen findet der Arbeitgeber heraus, was die wichtigsten Zufriedenheits-Faktoren am Arbeitsplatz sind. Zudem kann der gläserne und vermessene Arbeitnehmer genau den Aufgaben zugeteilt werden für die er besonders geeignet ist. Das macht nicht nur dem Arbeitnehmer mehr Freude als ein frustrierendes Arbeitserlebnis, es steigert auch das Ergebnis. Ob eine Arbeitskraft etwas macht, was sie nicht gut kann oder etwas, was sie sehr gut kann, spielt bei den Gehalts-Kosten kaum eine Rolle, beim Ergebnis sehr wohl. Eine Arbeitskraft einzuarbeiten kostet viel Geld und belastet Overhead, Produktivität und das Team negativ. Hohe Fluktuation ist sehr teuer. Unter diesen Umständen kann eine teure Maßnahme zur Bindung und Gewinnung von Mitarbeitern sehr günstig sein.

Aberdeen empfiehlt als Fazit: Big Data:

a) Ausgehend von der Managementebene eine Daten-zentrierte HR-Kultur aufzubauen.

b) Analytics Fähigkeiten einkaufen und weiterbilden

c) Konzentration auf Predictive Analytics in HR

Im kleinen Mittelstand reicht vielleicht eine Unterhaltung mit den zehn Mitarbeitern und eine Excel-Liste der Fähigkeiten, in größeren Unternehmen ist sicherlich ein gutes Personal Prozedere nur mit IT umzusetzen. Größere und große Unternehmen sind oft erheblich ineffizient, weil komplexe Strukturen entstehen.

Indem informelle (zusätzliche) Kommunikations-Wege erschlossen werden, kann der Wert eines Mitarbeiters, einer Abteilung und eines Unternehmens erheblich erhöht werden. Anders formuliert, durch Wachstum verliert das Unternehmen an Wirkungsgrad. Bemüht man sich um gute interne Kommunikation und hält den Anteil effizienter Arbeit hoch, schwindet der Wirkungsgrad weniger schnell. Kollaboration ist ein Weg um mehr Mitarbeiter und ihre Fähigkeiten miteinander zu verknüpfen.

Die Checkliste / das Pflichtenheft für HR & IT kann folgendes beinhalten:

• Talent: Talente gezielt suchen, durchleuchten und dadurch schneller und besser integrieren.

• Determinanten: Feststellen in welchen Positionen welche Fähigkeiten besonders zum Geschäftserfolg beitragen.

• KnowHow: Festhalten und Wiederfinden von bereits entwickelten Lösungen; Redundanzen vermeiden.

• Zusammenarbeit: Auffinden von Expertise im eigenen Unternehmen, Förderung der Zusammenarbeit durch institutionalisierte Kommunikations-Lösungen.

• Weiterbildung: Gemeinsames Lernen, Austausch von Erkenntnissen und höhere zeitliche Flexibilität bei der Weiterbildung; eLearning.

• Motivieren: Kürzere Feedback Zyklen. Mehr Information über Performance für das Unternehmen und mehr Lob für den Mitarbeiter.

• Motivieren: Welche Bedürfnisse sind für Mitarbeiter ausschlaggebend und welche davon kann man günstig anbieten? Das führt oft zum Wunsch nach mehr Freiheit / Freizeit, größerer Flexibilität. Dies zu gewährleisten kann fast immer durch die Optimierung und Gestaltung von Arbeitsprozessen und Geschäftsabläufen erreicht werden.

Alle diese Punkte können mit der Erhebung und Auswertung von Daten verbessert werden, um einen gläsernen Mitarbeiter, als Human Resource zum Nutzen aller Beteiligten zu schaffen. Im Rahmen von Big Data können heute auch Personalleiter ohne psychologischen Ausbildungs-Background erkenntnisreiche Auswertungen auf den HR-Teil der Unternehmensdaten zum Nutzen des Betriebes laufen lassen.

Personaler suchen Datenanalysten

von Isabella Pridat-Zapp

Deutsche Firmen drohen bei Data Analytics den Anschluss zu verlieren. Diese Gefahr zeigt die Deloitte-Studie „Datenland Deutschland: Talent meets Technology – Data Analytics und der menschliche Faktor" auf.

Laut Deloitte-Studie suchen Unternehmen die falschen Mitarbeiter und versäumen Geschäftschancen. Die vierte Studie der Deloitte-„Datenland Deutschland"- Reihe argumentiert, dass Data Analytics kein rein technologisches, sondern in erster Linie ein personelles und organisatorisches Thema ist. Ohne die richtigen Talente, ohne die Entwicklung ihrer Fähigkeiten und ohne ihre organisatorische Verankerung wird es sehr schwer für Unternehmen, tatsächlichen Wert aus Daten zu generieren. Gleichzeitig ist Data Analytics ein zunehmend wichtiges Thema für den Standort Deutschland und es gibt auch hier einen engen Zusammenhang zwischen Talenten und Wettbewerbsfähigkeit.

Data Analytics Technik

Deutsche Unternehmen sehen sich bei Data Analytics im weltweiten Vergleich auf dem zweiten Platz. In mehr als der Hälfte der Firmen hat die Bedeutung solcher Methoden und Technologien in den letzten Jahren zugenommen. Fast der Hälfte der Finanzabteilungen dient Data Analytics als Entscheidungsgrundlage, rund 30 Prozent sind es in IT, Marketing und Einkauf, weniger als zehn Prozent in Personal. Rund 60 Prozent haben in Software und IT-Infrastruktur investiert. Zudem haben sie Mitarbeiter zu Datenanalysten weitergebildet und ein Drittel hat Spezialisten eingestellt. Für die Zukunft erwarten fast drei Viertel einen steigenden Bedarf im Bereich Data Analytics – jeweils rund ein Viertel plant Investitionen in die Weiterbildung, das Recruiting und den Einkauf externer Dienstleister.

Einseitiges Recruiting

In den letzten Jahren haben die Unternehmen die technischen Voraussetzungen von Data Analytics geschaffen. Für die nächste Investitionsphase steht der Personalaufbau auf der Agenda – allerdings mit geringen finanziellen Mitteln. Viele suchen nach Einsteigern, die über statistisches und wirtschaftswissenschaftliches Know-how verfügen. Mehr als ein Viertel weiß nicht, welche Ausbildungsprofile sie für Data Analytics suchen sollen. Traditionelle, quantitative Kompetenzen haben Vorrang vor Know-how im Entwickeln neuer Analyse-Perspektiven und -Modelle. Erforderlich wären jedoch Fähigkeiten von Data Scientists wie sie promovierte Naturwissenschaftler haben – die richtigen Fragen stellen, relevante Zusammenhänge finden und komplexere Analysen auf Grundlage von passgenau entwickelten Algorithmen durchführen.

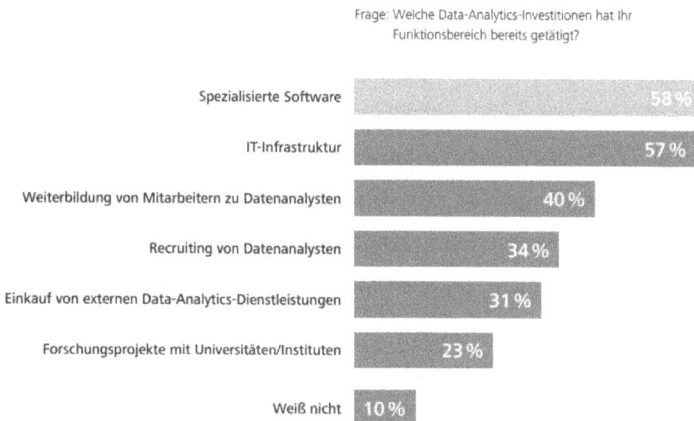

Frage: Welche Data-Analytics-Investitionen hat Ihr
Funktionsbereich bereits getätigt?

Spezialisierte Software	58 %
IT-Infrastruktur	57 %
Weiterbildung von Mitarbeitern zu Datenanalysten	40 %
Recruiting von Datenanalysten	34 %
Einkauf von externen Data-Analytics-Dienstleistungen	31 %
Forschungsprojekte mit Universitäten/Instituten	23 %
Weiß nicht	10 %

Abbildungen dieses Artikel sind von: Deloitte

Notwendige Qualifikationen:

Analyse- und Statistikkompetenzen, Verständnis des Geschäftsmodells + Kommunikationsfähigkeit

Für relevante Ergebnisse von Data Analytics müssen Technologie und Datenspezialisten zusammenwirken. Damit stellt sich für Unternehmen die Frage, wie und welche Datenspezialisten sie rekrutieren sollen. Die technologische Seite ist oft vergleichsweise unproblematisch, da fortgeschrittene Data Analytics Tools auf dem Markt erhältlich sind. Dies bedeutet aber auch, dass die Tools alleine nicht für die Schaffung von Wettbewerbsvorteilen ausreichen werden. Den Unterschied machen Datenspezialisten, die nicht nur die Tools anwenden können, sondern relevante Fragen an die Daten stellen, neue Modelle entwickeln, die Ergebnisse der Daten kommunizieren und in die Unternehmensstrategie einbetten können.

Das Berufsbild Datenspezialist ist noch sehr jung, von daher sind die erforderlichen Kompetenzen noch weit davon entfernt, standardisiert zu sein. Die Fähigkeiten, die das Management erwartet, hängen stark davon ab, wie datengetrieben und wie fortgeschritten in der Anwendung von Data Analytics das Unternehmen selbst ist. Deutlich ist jedoch, dass rein technische Kompetenzen nicht genügen und dass für diesen speziellen Berufszweig die Rekrutierungsmaßnahmen angepasst werden müssen. Die Unternehmen sind allerdings weniger auf der Suche nach Data Scientists mit naturwissenschaftlichem Hintergrund, sondern deutlich mehr nach klassischen Wirtschaftswissenschaftlern mit quantitativen Kompetenzen. Analysefähigkeiten müssen relevant sein. Die Anforderungen der Unternehmen an Datenspezialisten gehen deutlich über technologisches Know-how hinaus. Wichtig für die Befragten ist die Fähigkeit, die aus Data Analytics gewonnenen Erkenntnisse auf das Geschäft anwenden und sie kommunizieren zu können. Naturgemäß sind Analyse- und Statistikkompetenzen weit vorne in den Anforderungen, aber ohne die Soft Skills, wie vor allem Kommunikationsfähigkeit und ein tiefes Verständnis des Geschäftsmodells, laufen Datenspezialisten Gefahr, wenig Wert schaffen zu können. Viele Unternehmen bleiben in alten Mustern verhaftet: Fast 60 Prozent suchen nach klassisch ausgebildeten Wirtschaftswissenschaftlern für die Datenanalyse. Weniger als zehn Prozent bemühen sich um erfahrene Naturwissenschaftler, die mit

Algorithmen und Analysemodellen Mehrwerte aus den Daten generieren können. „Der richtige Einsatz von Big Data ist ein milliardenschwerer Zukunftsmarkt. Wer die passenden Mitarbeiter, Strukturen und Technologien hat, schafft sich einen Wettbewerbsvorteil. Hier zeigt sich Nachholbedarf in der deutschen Wirtschaft. Zwar haben viele Unternehmen in Technik und Software investiert, jedoch fehlen oft die qualifizierten Experten für eine zielführende Nutzung. Diese Lücke muss geschlossen und Data Analytics konsequent über alle Unternehmensbereiche eingesetzt werden", sagt Dr. Alexander Börsch, Leiter Research bei Deloitte Deutschland.

Frage: Welchen akademischen Hintergrund suchen Sie hauptsächlich bei der Rekrutierung von Datenanalysten?

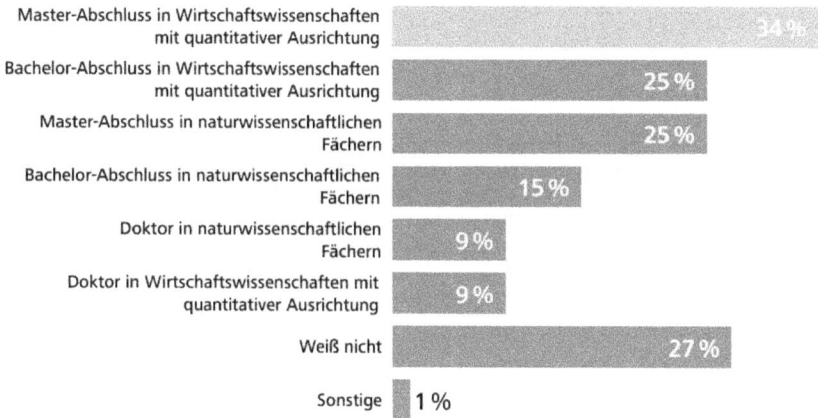

Akademischer Hintergrund	Anteil
Master-Abschluss in Wirtschaftswissenschaften mit quantitativer Ausrichtung	34 %
Bachelor-Abschluss in Wirtschaftswissenschaften mit quantitativer Ausrichtung	25 %
Master-Abschluss in naturwissenschaftlichen Fächern	25 %
Bachelor-Abschluss in naturwissenschaftlichen Fächern	15 %
Doktor in naturwissenschaftlichen Fächern	9 %
Doktor in Wirtschaftswissenschaften mit quantitativer Ausrichtung	9 %
Weiß nicht	27 %
Sonstige	1 %

Bessere Ausbildung gefordert

„Wenn Unternehmen sich echte Wettbewerbsvorteile in der Entscheidungsfindung und bei der Monetarisierung von Daten erarbeiten wollen, brauchen sie auch echte Experten, die Muster in den Datenbergen erkennen und interpretieren können. Noch bietet der Hochschulsektor in Deutschland aber kaum dezidierte Studiengänge in diese Richtung; die Fähigkeiten bringen am ehesten Naturwissenschaftler mit. Wenn diese Lücke in der Ausbildung nicht bald geschlossen wird, können sich erhebliche Nachteile für den Standort Deutschland ergeben", so Nicolai Andersen, Partner und Leiter Innovation bei Deloitte.

Falsche Kriterien bei Nachfolgeplanung der Manager

von Isabella Pridat-Zapp

Die meisten Personalverantwortlichen (78 Prozent) in großen Unternehmen sind davon überzeugt, dass sie Vakanzrisiken auf Management-Ebene systematisch analysieren. Tatsächlich vernachlässigen sie aber wichtige Kriterien bei der Besetzung von Spitzenpositionen. Netzwerker und Innovationstreiber werden oft übersehen, Nachfolger für offene Stellen zu häufig aus den eigenen Reihen rekrutiert.

Dies sind Ergebnisse der Studie „Strategische Nachfolgeplanung" der Personalberatung InterSearch Executive Consultants, für die mehr als 200 Personalverantwortliche und Manager von deutschen Unternehmen ab 250 Mitarbeitern 2016 online befragt wurden.

Gerade bei der Besetzung von Schlüsselfunktionen fallen der Studie zufolge wichtige Wissensträger innerhalb des Unternehmens durch das Raster. Nicht einmal die Hälfte der Unternehmen kennt tatsächlich ihre guten Netzwerker (44 Prozent) oder Innovationstreiber (33 Prozent). Aufmerksamkeit erhalten eher Mitarbeiter, die für Umsatz sorgen oder über ausgeprägtes internes Fachwissen verfügen.

„Unternehmen haben ihre Nachfolgeplanung lange nicht angepasst. Sie suchen zu oft noch nach Kompetenzen, die angesichts aktueller Entwicklungen nicht mehr zeitgemäß sind", sagt Thomas Bockholdt, Managing Partner bei InterSearch Executive Consultants in Hamburg.

Den möglichen Verlust an Innovationskraft und Kontakten berücksichtigen bei der Nachfolgeplanung nur 29 Prozent der Befragten, Auswirkungen auf das Employer Branding nur 21 Prozent. Auch diese Zahlen deuten darauf hin, dass bei der Neubesetzung häufig nicht die richtigen Kriterien im Fokus stehen.

Hierfür ist auch ein Indiz, dass die erste Führungsebene in Unternehmen überwiegend intern besetzt wird. Das von InterSearch empfohlene „Idealverhältnis" von 20 bis 40 Prozent externen Neubesetzungen erfüllt nur ein Drittel der Unternehmen. Scheidende Manager werden oft mit demjenigen nachbesetzt, der sich genau eine Ebene darunter befindet. Damit werden interne Fachleute im Verhältnis zu externen Kandidaten häufiger zur Nachfolgebesetzung von Führungspositionen herangezogen als es eigentlich sinnvoll ist.

„Regelmäßig werden Stellvertreter genutzt, um Vakanzen zu füllen. Bei diesem Vorgehen steht fachliches Know-how im Fokus und nicht das Thema Leadership", sagt Bockholdt. „Gefragt sind in Führungspositionen heute inspirierende, mutige Visionäre, Treiber und empathische Motivatoren, nicht bloße klassische Kommandeure."

Klassische Management-Skills immer noch wichtiger

Vor allem beim Thema Leadership ist erkennbar, dass Unternehmen sich schwertun, neue Kriterien für die Besetzung von Stellen zu definieren. Während in der Vergangenheit klassische Management-Fähigkeiten wie das Entscheiden und das Formulieren enger Vorgaben wesentlich waren, sind heute andere Skills gefragt - etwa die Fähigkeit, zuzuhören, Mitarbeiter zu motivieren und Orientierung zu schaffen. Doch nur 40 Prozent der Unternehmen geben an, bei der Neubesetzung von Führungspositionen neue Anforderungen an Kompetenzen zu berücksichtigen, die etwa der digitale Wandel und das Einführen agiler Unternehmensstrukturen erforderlich machen. „Mehr Mut bei der Neubesetzung würde vielen Firmen gut tun", sagt Bockholdt. „Kreativität und Innovationsfähigkeit werden zu wichtigen Erfolgsfaktoren. Unternehmen müssen in der Lage sein, sich schneller und nachhaltiger zu verändern."

Angesichts steigender Anforderungen sollten Unternehmen Vakanzen strategisch und unter Einbeziehen zeitgemäßer Kriterien wie etwa Leadership-Qualitäten oder Innovationskraft besetzen. Mit einem derartigen Ansatz zur Strategischen Nachfolgeplanung können sich die Personalabteilungen als Wertschöpfungstreiber in den Unternehmen positionieren. „Der Mittelstand kann sich in dieser Hinsicht einiges von den großen Unternehmen abschauen", sagt Thomas Bockholdt. „Die Großen sind beim Thema Strategische Nachfolgeplanung weiter."

Digital-Know-how wird zum Einstellungskriterium

Führungskräfte im Krankenhaus

von Burgy Zapp von Schneider-Egestorf

Die zunehmende Digitalisierung deutscher Kliniken schafft neue Jobprofile: Für jede vierte medizinische und nahezu jede zweite kaufmännische Führungskraft werden Kenntnisse zum Thema Digitalisierung künftig Pflicht sein. Hintergrund: In jedem dritten Krankenhaus zählt das fehlende Know-how der Spitzenkräfte zu den größten Stolpersteinen auf dem Weg zur so genannten Medizin 4.0.

Das sind Ergebnisse der Studie „Digitalisierung in der Gesundheitswirtschaft", für die von der Personalberatung Rochus Mummert Healthcare Consulting mehr als 300 Führungskräfte an deutschen Krankenhäusern befragt wurden.

Die Gesundheitswirtschaft steht vor einem Wandel: Klinik-Geschäftsführungen sowie zunehmend auch die medizinischen Leiter treiben die Digitalisierung voran. Und das ist erst der Anfang auf dem Weg zur Medizin der Zukunft. Künftig wird Digitalisierungswissen für 44 Prozent der Manager aus dem kaufmännischen Bereich und für 25 Prozent der medizinischen Führungskräfte Einstellungskriterium werden. Auch den Krankenhaus-Mitarbeitern stehen Veränderungen bevor. Etwa jeder fünfte von ihnen (22 Prozent) muss in Zukunft Digital-Know-how mitbringen. Zudem erwarten 48 Prozent der Befragten, dass auch für Beschäftigte ohne leitende Funktion die Teilnahme an Weiterbildungen zum Thema Digitalisierung künftig verpflichtend sein wird.

„Vor allem die medizinischen, aber auch die kaufmännischen Führungskräfte müssen in Sachen Digitalisierung noch viel lernen, wie unsere Untersuchung zeigt", sagt Dr. Peter Windeck, Studienleiter und Geschäftsführer von Rochus Mummert Healthcare Consulting. „Bislang gehört das fehlende Know-how des Spitzenpersonals zu den wesentlichen Stolpersteinen auf dem Weg zur Medizin 4.0, in der elektronische Patientenakten, eine digitale Bettenplanung sowie die Vernetzung mit externen Kooperationspartnern ihren festen Platz im Klinikalltag haben werden."

Doch die Kenntnisse der modernen Informationstechnologien werden künftig nicht nur darüber mitentscheiden, ob ein Manager einen Arbeitsvertrag erhält oder nicht. Mindestens ebenso wichtig wie die Theorie ist die Praxis. Deshalb wird die Umsetzung der Digitalisierung im Tagesgeschäft bei fast jeder zweiten kaufmännischen und jeder vierten medizinischen Führungskraft Bestandteil der Zielvereinbarungen werden. „Bisher steht die Medizin 4.0 am Anfang. Trotz des Engagements vieler Kliniken braucht das Management konkrete Anreize, die Digitalisierung vor Ort konsequent umzusetzen", sagt Krankenhaus-Experte Windeck.

Hintergrundinformationen

Für die Rochus-Mummert-Studie „Digitalisierung in der Gesundheitswirtschaft" wurden im August/September 2015 mittels einer Online-Umfrage 310 Führungskräfte deutscher Kliniken befragt. Die Teilnehmer der Studie üben vor allem Positionen in der Geschäftsführung oder andere leitende Funktionen aus. Zu den befragten Krankenhäusern gehören Kliniken in öffentlicher, frei-gemeinnütziger und privater Trägerschaft. Die Studie wurde in Kooperation mit dem 11. Gesundheitswirtschaftskongress (www.gesundheitswirtschaftskongress.de) durchgeführt.

Damit der Chef nicht mit in den Urlaub fährt

von eco – Verband der Internetwirtschaft e. V.

In Zeiten von Unified Communications und digitaler Omnipräsenz kommen viele Mitarbeiter auch im Urlaub nicht zur Ruhe. Laut Gesetz stehen dem Arbeitnehmer jedoch mindestens 20 Urlaubstage zu, an denen er nicht beruflich erreichbar sein muss – selbst wenn dies vertraglich anders geregelt ist

Wer bereits vor dem Urlaub konkrete Absprachen trifft, kann laut Lucia Falkenberg, HR-Managerin und Leiterin der Kompetenzgruppe New Work im eco – Verband der Internetwirtschaft e. V., entspannter die freie Zeit genießen

„Urlaubszeit, arbeitsfreie Zeit" – mit zunehmender Digitalisierung und permanenter Erreichbarkeit ist dies schon längst keine Selbstverständlichkeit mehr. Laut einer Studie der Deutschen Gesetzlichen Unfallversicherung nimmt jeder vierte Mitarbeiter Arbeit mit in den Urlaub, jeder Zehnte wird vom Chef oder den Kollegen gestört. Nach Angaben des Randstad Arbeitsbarometers müssen in Deutschland 30 Prozent der Beschäftigten auch in den Ferien für ihren Chef erreichbar sein, Spitzenreiter ist Portugal mit 56 Prozent. Laut Lucia Falkenberg, HR-Managerin und Leiterin der Kompetenzgruppe New Work im eco – Verband der Internetwirtschaft e. V., muss der Arbeitnehmer in seinem Urlaub jedoch generell nicht erreichbar sein. Mit zwei Ausnahmen: in Notfällen, beispielsweise wenn es gilt, ein geschäftsschädigendes Ereignis abzuwenden. Darüber hinaus kann der Chef ab dem 21. Urlaubstag Sonderregelungen vereinbaren, die eine Erreichbarkeit auch im Urlaub vorsehen.

Gesetze sind das eine, der Berufsalltag ist das andere

„Kommunikationsmittel wie Handy, Smartphone und E-Mail erleichtern den Berufsalltag ungemein. In Zeiten von digitaler Omnipräsenz kommen jedoch dadurch immer weniger Mitarbeiter im Urlaub zur Ruhe", betont Falkenberg. „Dabei hat der Gesetzgeber eigentlich sehr arbeitnehmerfreundliche Bedingungen für den Urlaub geschaffen." So sieht das Bundesurlaubsgesetz vor, dass einem Arbeitnehmer mindestens 20 Urlaubstage zustehen, an denen er nicht beruflich erreichbar sein muss. Das Bundesarbeitsgericht hat in mehreren Entscheidungen zudem bestätigt, dass selbst spezielle Verabredungen zwischen Chef und Mitarbeiter zur permanenten Erreichbarkeit im Urlaub unwirksam sind. Allerdings nehmen laut der eco HR Expertin immer mehr Beschäftigte freiwillig Arbeit mit in den Urlaub und bleiben via WhatsApp, Telefon oder E-Mail erreichbar. „Auch ohne gesetzliche Grundlage verlangen viele Vorgesetzte inzwischen von ihren Mitarbeitern einen Urlaub auf Abruf. Oder es gehört in vielen Fällen schon zum guten Ton, Arbeit mit in die Ferien zu nehmen", so Falkenberg. „Dies ist fatal für die Work-Life-Balance. Ständige Erreichbarkeit für den Arbeitgeber bremst die Erholung aus oder lässt sie gar nicht stattfinden."

Konkrete Absprachen bereits vor dem Urlaub sind hilfreich

Nach Ansicht der eco HR Expertin verwischen durch das Smartphone mittlerweile sehr schnell die Grenzen zwischen privat und beruflich. Als treuer Begleiter sei das Smartphone auch im Urlaub immer mit dabei. Es komme zum Einsatz für eine Restaurantsuche-App, die Urlaubsfotos werden direkt via WhatsApp verschickt und auf Facebook werde der tägliche Müßiggang dokumentiert. Ein wenig dienstliche Kommunikation falle da nach Ansicht von Falkenberg nicht weiter auf. Doch wie kann verhindert werden, dass immer mehr Arbeitnehmer im Urlaub erreichbar sind? Bereits im Vorfeld gilt es, mit Chef und Kollegen zu kommunizieren. So kann vorab festgelegt werden, was als Notfall zu gelten und was in einem solchen Fall zu geschehen hat. Zudem sollte die Urlaubsübergabe möglichst detailliert und der jeweilige Vertreter in alle Geschäftsvorfälle oder Prozesse eingeweiht sein. „Etabliert man konkrete Vertretungs- oder Notfallregelungen und berücksichtigt bereits im Vorfeld mögliche Eventualitäten, kann eine Kontaktaufnahme im Urlaub meist vollständig vermieden werden", ist sich Falkenberg sicher.

Weitere Möglichkeiten für einen Urlaub ohne berufliche Einschränkung

Glücklich können sich die Beschäftigten von beispielsweise Evonik, Deutsche Telekom und Volkswagen schätzen. Deren Arbeitgeber haben unternehmensweite Regeln zur Einschränkung der Erreichbarkeit nach Feierabend und im Urlaub aufgestellt – doch das ist eher noch die Ausnahme. In die gleiche Richtung geht auch die so genannte Anti-Stress-Verordnung, die frühestens in diesem Jahr auf Bundesebene diskutiert wird, wenn eine entsprechende wissenschaftliche Datenbasis geschaffen wurde. Eine Alternative, mit der Reiseveranstalter bereits werben: Urlaub im Funkloch. Dabei müssen es gar nicht solche Fernziele wie Kanada, Namibia oder das australische Outback sein. Auch Deutschland verfügt noch über genügend Funklöcher, wie in Teilen der Uckermark, Sächsischen Schweiz oder in den Alpen. Doch generell sollte ein bewusster Funkloch-Urlaub nicht notwendig sein: „Es sollte auch und gerade im Sinne des Chefs selbst sein, wenn der Mitarbeiter sich im Urlaub gut erholt und sich dann ausgeruht in neuer Frische den anstehenden Arbeiten widmet", resümiert Falkenberg.

eco (www.eco.de) ist mit mehr als 900 Mitgliedsunternehmen der größte Verband der Internetwirtschaft in Europa. Seit 1995 gestaltet der eco Verband maßgeblich die Entwicklung des Internets in Deutschland, fördert neue Technologien, Infrastrukturen und Märkte, formt Rahmenbedingungen und vertritt die Interessen der Mitglieder gegenüber der Politik und in internationalen Gremien. In den eco Kompetenzgruppen sind alle wichtigen Experten und Entscheidungsträger der Internetwirtschaft vertreten und treiben aktuelle und zukünftige Internetthemen voran.

Stress in der VUCA-Welt

Bericht von Burgy von Schneider-Egestorf

„Veränderung und Transformation im Windschatten von Industrie 4.0 und Digitalisierung" lautete das Thema der Umfrage 2016 der Agentur ohne Namen. 103 Unternehmen aus Deutschland haben sich von Anfang März bis Ende Mai 2016 in der Online-Befragung geäußert. 27 % zählen mit jeweils über 5.000 Mitarbeitenden zu den Großunternehmen, über 40 % sind KMU.

Industrie 4.0 und Digitalisierung lassen eine Revolution der Arbeitswelt in nicht allzu ferner Zukunft vermuten. Im Windschatten dieser radikalen Veränderung wird kein Stein auf dem anderen bleiben. Unsere Welt ist VUCA geworden. VUCA steht für:

V = Volatil (Volatility).

U = Ungewiss (Uncertainty).

C = Komplex (Complexity).

A = Mehrdeutig (Ambiguity).

Unsere VUCA gewordene Welt verlangt von uns Anpassung im Akkord. Dem Versprechen von Entlastung, menschenwürdigeren Arbeitsbedingungen und mehr Effektivität und Effizienz in einer technologisierten und digitalisierten Welt steht die Forderung nach uneingeschränkter Flexibilität gegenüber. Das Gefühl ist übermächtig: Passen wir uns nicht an, bleiben wir nicht flexibel, verlieren wir den Anschluss an die Zukunft.

Die VUCA gewordene Welt verlangt Anpassung im Akkord.

Von Seiten der Belegschaft wird uneingeschränkte Flexibilität gefordert. Doch welche Folgen hat das? Und was tun Unternehmen dafür, Flexibilität und Agilität zu erleichtern? Der HR Future Trend 2016 zeigt hier klare Defizite auf:

Steigende Anforderungen:

70,3% der Befragten bestätigen steigende Anforderungen an die Mitarbeitenden. 44,6% stellen auch eine Zunahme der psychische Belastung fest. Ein Zufall? Wohl kaum! Zahlreiche Studien belegen den Zusammenhang zwischen erhöhten Anforderungen, einer Zunahme an Stress und den daraus resultierenden Folgen für die Gesundheit. Den steigenden Anforderungen müssten nachhaltige Personalentwicklungskonzepte gegenübergestellt werden, um negative Folgewirkungen (Anpassungskrisen) zu vermeiden.

Bitte kreuzen Sie an, was auf Ihr Unternehmen zutrifft:

These	Zustimmung
Wir belohnen Leistung statt Präsenz.	37,8%
Arbeitsplätze sind in unserem Unternehmen zunehmend ohne eindeutige organisationale Zugehörigkeit, um für mehr Flexibilität und Agilität zu sorgen.	20,3%
Wir arbeiten an Cloud- und Crowdworking-Lösungen, um flexibler zu werden und auf Fachkräfte weltweit zurückgreifen zu können.	16,2%
Beauftragen statt einstellen: Wir greifen mehr und mehr auf Projektarbeiter / externe Dienstleister zurück, anstatt neue Fachkräfte einzustellen.	13,5%
Wir bauen in unserem Unternehmen zunehmend Hierarchien ab.	13,5%

Mehrfachnennungen waren möglich.

© Agentur ohne Namen

Leistung statt Präsenz / Abbau von Hierarchien:

Flexibilität und Agilität können nur dort gelebt werden, wo die Unternehmenskultur entsprechende Strukturen schafft. Eine Abkehr von der Präsenzkultur wird – auch aus Vereinbarkeitsgründen – seit Jahren gefordert und doch nur von 37,8% der Unternehmen umgesetzt. Starre Strukturen verhindern Flexibilität und Agilität – doch nur 13,5% der Unternehmen bauen Hierarchien ab. Der geforderten Flexibilität stehen veraltete Strukturen gegenüber. Das sorgt für Stress und Unzufriedenheit.

„Oftmals sind Führungskräfte ebenso Opfer der Veränderung wie ihre Mitarbeitenden. In diesem Fall können sie kaum Orientierung geben und erhöhen daher – oft unfreiwillig – die Komplexität und Verunsicherung im Change-Prozess," erklärt Melanie Vogel, Geschäftsführerin der Agentur ohne Namen.

Die Umfrage „HR Future-Trends 2016" zeigt zusätzlich: Bei 51,4 Prozent der befragten Unternehmen steigt die Arbeitszeit der außertariflich beschäftigten Mitarbeitenden und 52,7 Prozent geben eine zunehmende Überforderung der Führungskräfte zu.

Bitte kreuzen Sie an, was auf Ihr Unternehmen zutrifft:

These	Zustimmung
Die Anforderungen an unsere Mitarbeiter steigen.	70,3%
Kreativität und Innovation nehmen einen immer höheren Stellenwert ein.	68,9%
Selbstmanagement ist eine der Kernqualifikationen, die wir von unseren Mitarbeitenden verlangen.	67,6%
Routinetätigkeiten werden zunehmend digitalisiert und automatisiert.	66,2%
Wir flexibilisieren Arbeitszeiten.	55,4%
Die psychische Belastung unser Mitarbeiter nimmt zu.	44,6%

© Agentur ohne Namen

Wer diesem Anpassungsdruck nicht standhalten kann, wird krank. Die Befragung „HR Future-Trends 2016" liefert dazu eindeutige Zahlen: 44,6 Prozent der von der

Agentur befragten 103 Unternehmen gaben einen deutlichen Anstieg psychischer Belastungen an. 39,2 Prozent stellen einen vermehrten Anstieg psychischer Erkrankungen innerhalb ihrer Belegschaft fest.

Die Umfrage „HR Future-Trends 2016" zeigt zusätzlich: Bei 51,4 Prozent der befragten Unternehmen steigt die Arbeitszeit der außertariflich beschäftigten Mitarbeitenden, 70,3 Prozent stellen steigende Anforderungen an die Mitarbeitenden fest und 52,7 Prozent geben eine zunehmende Überforderung der Führungskräfte zu.

Die Belastungen der VUCA-Welt haben Deutschlands Unternehmen fest im Griff

Mitarbeitende und Führungskräfte in deutschen Unternehmen sind zunehmend überfordert und haben Schwierigkeiten, sich an die schnellen Veränderungen anzupassen. „Menschen und Unternehmen, die in einem dynamischen, veränderungsreichen Umfeld agieren, brauchen starke Ankerpunkte", erläutert die VUCA-Expertin Vogel. Um diese Ankerpunkte zu finden, muss die Systematik von Veränderungen verstanden werden. Vogel plädiert daher für eine stärkere VUCA-Fitness der Unternehmen. „Menschen können mit Veränderungen deutlich besser umgehen, wenn die mit der Veränderung einhergehenden Stressoren, Ereignisse oder Entwicklungen als strukturiert, geordnet und erklärbar empfunden werden können."

Welche Herausforderungen erleben Sie im Personalbereich?

Herausforderung	Zustimmung
Steigende Erwartungshaltung der Arbeitnehmenden	60,8%
Zunehmende Überforderung von Führungskräften	52,7%
Arbeitsplatzgestaltung: Weg von der Präsenz hin zu mehr Flexibilität	48,6%
Personalengpässe	41,9%
Führen auf Distanz	40,5%
Zunehmender Individualismus innerhalb der Belegschaft (das Finden von Individuallösungen wird zum Standard)	39,2%

© Agentur ohne Namen

Führungskräften kommt in Veränderungsprozessen daher eine maßgebliche Rolle zu. Das zeigt eine Studie des Stanford-Professors Charles O'Reilly. Er fand heraus, dass effektive Veränderungen davon abhängen, wie überzeugt die Manager aller Ebenen von der Veränderung sind und er empfiehlt, insgesamt mehr Zeit damit zu verbringen, für die Change-Prozesse zu werben und über die möglichen Folgen der Veränderung zu informieren, bevor die Veränderungen eingeleitet werden.

„Werden Führungskräfte im Change-Prozess nicht unterstützt, entsteht sehr schnell eine Negativspirale von Überforderung, Leistungsdruck und fehlender Orientierung, die sich wie ein Virus von den Führungskräften auf die Mitarbeitenden überträgt und damit erheblichen Kollateralschaden im Unternehmen anrichtet. Die Belegschaft vieler Unternehmen wandelt auf einem schmalen Grad zum Burnout", kommentiert Melanie Vogel die Ergebnisse. „Hohe Anforderungen und Belastungen sorgen mittel- und langfristig in den Unternehmen für steigende Krankenstände und Fehlzeiten und wirken sich damit negativ auf die Effizienz und Produktivität der Unternehmen aus."

Die Zukunftskompetenzen der Mitarbeiter

von Melanie Vogel

Der Transformationsprozess ist in vollem Gange und kann nur mit den entsprechenden Fachkräften bewältigt werden. Dass hieran ein Mangel herrscht, ergab die diesjährige Umfrage „HR Future Trends 2016", die von der AGENTUR ohne NAMEN zum vierten Mal in Folge durchgeführt wurde. Von den 103 befragten Personalverantwortlichen bemängeln 54 Prozent das Fehlen qualifizierter Bewerber. Fast 42 Prozent klagen über akuten Fachkräftemangel.

Doch nicht nur der akute Fachkräftemangel beschäftigt die Unternehmen, sondern auch die fehlende Kompetenz vor allem der Hochschulabsolventen. 61 Prozent der befragten Unternehmen gaben an, dass Studienabgänger unzureichend auf die Arbeitswelt vorbereitet sind. Fehlende Praxis, mangelnde Sozialkompetenzen und Soft-Skills werden genannt.

Auf die Frage, welche Kompetenzen in Zukunft an Bedeutung gewinnen oder verlieren, geben die Antworten geben eine klare Richtung vor: Deutsche Tugenden wie Fleiß (3,8 %), Pünktlichkeit (5,1 %) und fehlerfreies Arbeiten (12,9 %) gehören zu den Kompetenzen mit der geringsten Bedeutung für Personalverantwortliche.

Unter den Top 5 der wichtigsten Zukunftskompetenzen wurden folgende Skills genannt:

• Veränderungsbereitschaft (85,7 %)

• Fähigkeit, mit unterschiedlichen Menschen zu arbeiten (68,8 %)

• Querdenken (67,5 %)

• Geistige/mentale Flexibilität (61,0 %)

• Interkulturelle Kompetenz (59,7 %)

Diese Kompetenzen sind eine direkte Antwort auf die momentane Veränderungsdynamik in der Wirtschaft. Problematisch dabei ist, dass das deutsche Schul- und Ausbildungssystem genau die Tugenden fordert und fördert, die bei den Personalverantwortlichen an Bedeutung verlieren, während die Top 5 der Kompetenzen, die am meisten Bedeutung haben, im deutschen Bildungssystem bis heute nicht konsequent verankert sind.

Das Informationszeitalter verlangt einen neuen Typus „Mensch" im Arbeitsleben. Der jetzt schon sichtbar werdende Mismatch zwischen den Anforderungen der Arbeitgeber und den Kompetenzen und Qualifikationen der zukünftigen Fach- und Führungskräfte wird in erster Linie zu einem elementaren Kompetenzmangel führen.

Individuen und Unternehmen sind heute und in Zukunft gleichermaßen gefragt, den Mismatch durch konsequente Weiterbildung und Personalentwicklungsmaßnahmen zu verkleinern. Weiterbildung nämlich, die sich nicht nur auf die Vermittlung von Fachkompetenzen fokussiert, sondern vor allem die mentale Agilität, das Querdenken und das Fragenstellen trainiert.

Die Ergebnisse stehen zum kostenfreien Download zur Verfügung:

http://trends.agenturohnenamen.de

IT-Profis verdienen in Frankfurt am besten

Die Gehälter von IT-Führungskräften sind in diesem Jahr um 3 Prozent gestiegen – Fachkräfte kommen auf ein Plus von 2,2 Prozent. Am meisten Geld gibt es in Frankfurt: Hier liegt das Lohnniveau für IT-Profis 20,7 Prozent über dem Bundesschnitt. Dies sind die Ergebnisse der Studie „IT-Funktionen 2016/2017" der Hamburger Vergütungsanalysten von Compensation Partner in Kooperation mit der Fachzeitschrift „Computerwoche".

Spitzenverdiener kommen aus der IT-Sicherheit

Die Spitzenverdiener bei den Fachkräften kommen aus dem Bereich der IT-Sicherheit. Mit einem Durchschnittsgehalt von 71.070 Euro liegen sie nur knapp vor ihren Kollegen aus den Stabsfunktionen der IT-Projektleitung* (70.267 Euro) und der IT-Leitung* (69.492 Euro). Dagegen erhalten IT-Fachkräfte im Bereich Web-Programmierung (36.819 Euro), Softwareentwicklung Frontend (42.792 Euro) und im Anwender Support (43.118 Euro) vergleichsweise deutlich geringere Durchschnittsgehälter.

Sechsstellige Gehälter für Führungskräfte auch in kleinen Firmen

Laut den neuesten Ergebnissen sind für IT-Führungskräfte sechsstellige Gehälter fast schon zur Normalität geworden. Im Schnitt verdienen sie 117.544 Euro. Dies gilt auch in kleinen Unternehmen: Hier liegt das Durchschnittsgehalt für Führungskräfte mit 96.541 Euro nur knapp hinter der 100.000-Euro-Marke. Mit durchschnittlich 140.981 Euro im Jahr verdienen IT-Leiter am besten. „Die Nachfrage nach IT-Chefs ist extrem hoch. Dadurch müssen auch kleinere Unternehmen sehr tief in die Tasche greifen", sagt Tim Böger, Geschäftsführer von Compensation Partner.

20,7 Prozent mehr Gehalt für IT-Fachkräfte in Frankfurt

Die Top-Regionen für IT-Fachkräfte sind Frankfurt (120,7 Prozent), München (119,4 Prozent) und Bonn (117 Prozent). „Seit Jahren liefern sich die hessische Mainmetropole und Bayerns Hauptstadt ein enges Kopf-an-Kopf-Rennen. In diesem Jahr hat Frankfurt die Nase vorne, vor allem durch einen starken Finanzsektor", erklärt Böger. Frankfurt liegt damit bei 20,7 Prozent über dem Bundesschnitt.

Das verdienen Fachkräfte in der IT-Wirtschaft 2016/2017

Funktion	Mittelwert
IT-Sicherheit	71.070 €
Gesamt IT-Projektleitung	70.267 €
IT-Leitung	69.492 €
SAP-Beratung	68.552 €
IT-Beratung, Analyse, Konzeption	67.005 €
SAP-Entwicklung	60.270 €
Softwareentwicklung Backend	57.465 €
Software / gesamte EDV	57.132 €
UX User Experience	56.053 €
Softwareentwicklung Mobile	54.695 €
DV-Schulung	53.611 €
System- und Netzadministration	48.954 €
Datenbank-Administration	46.191 €
Anwender Support	43.118 €
Softwareentwicklung Frontend	42.792 €
Webdesign, Web-Programmierung	36.819 €

COMPENSATION
PARTNER

IT-Gehälter nach Bildungsabschluss

Welchen Einfluss hat der Bildungsabschluss? Laut Studie ist das Uni-Diplom mit durchschnittlich 70.410 Euro Jahresgehalt am besten vergütet. Der Fachhochschulabschluss bringt 68.392 Euro und der Masterabschluss 60.151 Euro im Jahr. Beschäftigte mit Bachelor kommen im Durchschnitt auf 50.508 Euro. Wer wiederum über eine abgeschlossene Lehre verfügt, verdient 48.168 Euro im Jahr. „In der IT sind auch nach der Ausbildung sehr hohe Gehälter möglich, allerdings haben IT-Experten in Top-Positionen in der Regel studiert oder sich das Wissen durch Weiterbildungen angeeignet", erklärt Böger.

Ausblick 2017

Laut der Experten von Compensation Partner geht es der IT-Wirtschaft nach wie vor sehr gut. „In diesem Jahr stellen wir fest, dass sich die Gehaltsentwicklung für IT-Fachkräfte bei knapp über 2 Prozent einpendelt. Dafür erkennen wir starke Lohnsteigerungen bei IT-Führungskräften, die wir auch für das kommende Jahr erwarten", so Böger abschließend. Ein weiteres Wachstum von drei Prozent für 2017 sei nicht auszuschließen.

* Fachkräfte verfügen über keine disziplinarische Personalverantwortung. Ein IT-Leiter ist nicht zwangsläufig eine Führungskraft und verantwortet seinen Bereich nicht selten auch ohne Team.

Literatur

https://www.compensation-partner.de/de/home.

Social Business: Nutzen und Hürden

von Burgy Zapp von Schneider-Egestorf

Gerade für Mittelständische Unternehmen ist es sinnvoll, die Digitalisierung von Geschäftsprozessen bzw. digitale Transformation zu nutzen. Weitere Schlagworte sind Social CRM, Media Marketing, Web Technologien, Digital Business, Recht und Datenschutz, Social Business und IoT. Der Mittelstand kann aufgrund hoher Beweglichkeit schneller Nutzen aus Unternehmens-Veränderungen ziehen.

Bisher wurden diese Themen von der Großindustrie besetzt. Zielsetzung war oft, das Knowhow – prozedurales und Fach-Wissen der Mitarbeiter – zu aktivieren und für das Unternehmen nutzbar zu machen. Genau diese Zielsetzung streben wir im folgenden an. Der Mittelstand hatte bisher das Thema Social eher unter Business Gesichtspunkten eingeordnet. Zum Beispiel wurde Social oft betrachtet unter Aspekten des Projektmanagements, Recruiting oder Umgang mit Social Media.

Der Schwerpunkt dieses Artikels ist: Wie kann der Mittelstand das Thema Social gewinnbringend einsetzen, um das Knowhow der Mitarbeiter besser zugänglich zu machen?

Was ist Social? Wir sind doch nicht social, wir machen Business. Verständlich wird das Social Thema wenn man es übersetzt und den Blickwinkel ändert.

Im klassischen Projektmanagement kommuniziert der Manager mit den Akteuren. Social beschreibt die Dimension der zweiseitigen Kommunikation bei der die Akteure eines Projekts miteinander und mit dem Projektleiter interagieren.

Im Marketing kommuniziert das PR & Marketing des Unternehmens in Richtung Kunde. Social fügt die Komponente des Kunden als aktivem Gesprächsteilnehmer hinzu.

Von diesem neuen Blickwinkel ausgehend erklärt sich der Wunsch, den Mitarbeiter zu befähigen seine guten Ideen, Einfälle, Kritik, Bedenken und Innovationen nicht nur seinen unmittelbaren Kollegen sondern auch den Vorgesetzten und remote Kollegen mitzuteilen.

Soweit ist das leicht verständlich. Früher wurden ähnliche Zielsetzungen als anwendungsorientierte Aufgabenstellung begriffen. Inzwischen geht beispielsweise IBM davon aus, dass sie selbst Kompetenz und Beraterwissen verkauft. Das Software-Produkt als Enabler der Beratungs-Resultate ist aus dieser Perspektive sekundär. In unserem Fall soll es kollaborative omnidirektionale Kommunikation innerhalb des Unternehmens ermöglichen. Lösung und Zielsetzung steht nur in diesem Artikel zu Anschauungszwecken im Vordergrund. In der Praxis ist sie vielmehr die Konsequenz eines Beratungsprozesses, wie man ihn von McKinsey in klassischen Geschäftsfeldern erwarten würde. Versucht man hieraus eine Erkenntnis zu extrahieren, so ist der Einstieg in Social nicht mehr ein Produkt, ein Konzept oder eine Lösung, sondern ein Beraterprozess. Das Ergebnis ist jedoch eine Struktur, nicht aber eine Lösung. Denn die Software muss durch die Struktur aufgegriffen werden und sich der Unterstützung durch den Einzelnen erfreuen.

Strukturwandel

Dieser Strukturwandel muss im Unternehmen selbst umgesetzt werden, egal ob von internem oder externem Personal. Warum das so ist, erklärt sich aus der Aufgabenstellung: Für ein Unternehmen kann die richtige Software für die Buchhaltung gefunden werden. Das Personal wird dann entsprechend geschult und fertig.

Social

Social beschreibt aber eine Strategie, den Mitarbeiter, den Kunden oder Geschäfts-
partner sowie neue potenzielle Bewerber zu enablen. Man versetzt sein Gegenüber in die Lage zu kommunizieren und Kompetenzen, Wissen, Ideen etc. in einer
geordneten Form zu kommunizieren. Diese Strategie kann mit der Eigenart eines
menschlichen Charakters verglichen werden. Es gibt Menschen, die halten ihre Idee
für die Beste und wollen sie daher unverändert durchsetzen. Es gibt Menschen, die
versuchen die Kompetenzen aller Beteiligter zu integrieren, um zum besten Ergebnis zu gelangen. Beides kann erfolgreich sein, ersteres ist Unternehmensführung
im klassischen amerikanischen Sinne: Top Down. Letztere beschreibt ein modernes
Miteinander wie es seit den japanischen Qualitätszirkeln und Arbeits-Gruppen zunehmend Akzeptanz findet. Egal welche Argumente eingesetzt werden, Social Strategien scheinen sich sehr zu lohnen. Vielleicht will auch Ihr Unternehmen seinen
Charakter ändern? Hierzu einige Betrachtungen:

Änderungen

Änderungen sind vor allem ein Problem in den Köpfen von Vorgesetzten und ein
Problem von festen Strukturen. Das Thema Miteinander ist nicht neu, es soll jetzt
aber mit Hilfe neuer Technologien professionalisiert werden. Erst jetzt kann diese
so wertvolle Form der informellen Kommunikation durch Wände hindurch, über
große Entfernungen hinweg und unter Einbeziehung vieler Menschen stattfinden.
Es gab schon immer informelle Kommunikationswege. Beim Weihnachtsessen hat
die Einkaufsabteilung mit der Produktion geredet. Die Produktion spricht am Kaffee-Automaten mit dem Marketing und Vertrieb und die Geschäftsführung geht mit
den Angestellten nach der Messe einen Cocktail trinken. Diese informellen Prozesse
sollen eine Struktur erhalten, die den Dialog fördert und organisiert.

Der Wandel

Hierbei entstehen neue Probleme. Eines vorweg. Die Geschäftsleitung: Die Vorgesetzten müssen akzeptieren, mehr Informationen als bisher zu teilen und die
Mitarbeiter nicht nur als mündige Rezipienten sondern als Gesprächsteilnehmer zu

begreifen. Die Mitarbeiter müssen das in großer Vielzahl lernen, was bisher noch zu wenige können: Den kompletten Umschwung vom quengelnden „ich-will-Kind" zum verantwortungsbewußten Mitarbeiter schaffen, der den Erfolg des Unternehmens als seinen eigenen einstuft.

Ein gängiges Beispiel aus dem Marketing: Rebranding

Die Marketingabteilung führt ein neues Branding ein, von 2000 Firmenautos werden 1400 neu bemalt, die anderen nicht. Die Fahrzeugnutzer stellen alle dieselben Fragen; hundertfach. Warum mein Wagen nicht, aber der von meinem Kollegen? Warum blau, die Broschüren, Visitenkarten und so weiter sind doch immer rot gewesen? Was bedeutet eigentlich das neue Logo? Wofür stehen wir eigentlich, ich dachte unser Motto lautet …

Ein Forum, ein FAQ Wiki, Marketing Blog oder eine Social Business Lösung könnten folgende Antworten liefern: Dein Leasing läuft nur noch ein Jahr, das lohnt sich nicht mehr! Die neue Unternehmensfarbe ist blau, wir wollen aber nur einen langsamen Wechsel weg vom Rot, damit der Kunde uns überhaupt noch wiedererkennt! Das Logo gefällt uns auch nicht, aber dadurch kann man uns besser dem Mutterkonzern zuordnen; wir haben festgestellt, dass es mehr Kundenvertrauen gibt in das Logo der Konzernmutter als in unser eigenes! Und der neue Slogen ist nur eine Umformulierung unseres Mottos.

Warum ist Social hier eine Wertschöpfung?

Der Marketing-Verantwortliche ist effektiver, weil er neben der Beantwortung von Fragen im Aufzug, am Kaffee-Automaten oder per eMail auch noch seine eigentliche Arbeit machen kann. Der Mitarbeiter identifiziert sich leichter mit der neuen Marke, ist wieder schneller stolz auf sein Unternehmen etc.

Ein wesentlich spannenderes Beispiel aus dem Einkauf

In einem Unternehmen arbeitet der Einkäufer in Brasilien, wo die Holzstämme eingekauft werden. Verarbeitet werden die Holzstämme in der mitteldeutschen Pampa, wo ein Schreiner aus den Holzstämmen Furniere schneidet. Schließlich verkauft der Vertrieb die fertigen Furniere auf Sperrholzplatten verklebt und versiegelt an Möbelfabriken in ganz Europa. Bisher hat sich der Vertrieb regelmäßig mit dem Einkauf abgesprochen, um das beste Furnier anbieten zu können.

Nach der Einführung von Social hängt neben der Furniersäge in der Produktion ein Tablet an der Wand. Und nur wenig später kommt heraus, dass derjenige mit dem wertvollsten Fachwissen im Unternehmen, welche Baumstämme das beste Furnier ergeben, der Mann am Sägeblatt ist.

Warum ist Social hier eine Wertschöpfung?

Die zusätzliche Wertschöpfung ist die Vernetzung des Einkäufers mit dem wertvollen Knowhow des Mannes an der Säge.

Wie kommt eine solche Wertschöpfung zustande

Nachdem die „Unternehmens-Beratung IBM" zum Thema Social beim neuen Kunden Reno – Retail für Schuhe – die Arbeit aufnahm, wurde festgestellt, dass viele Daten und Zahlen zu den beliebtesten Produkten vorhanden sind, aber größtenteils nur der Geschäftsführung zur Verfügung stehen. Um den Dialog, Was sich Wo gut verkauft oder im Schaufenster das Interesse der Passanten weckt, zu stärken, wurde IBM Connections implementiert.

Mehr Daten für den 400 Euro Job Verkäufer, das ist eine große Hürde gewesen, weil wertvolle Kennzahlen zugänglich gemacht werden mussten. Die Geschäftsführung musste – aus ihrer Perspektive betrachtet – ein großes Risiko eingehen. Die

Scorecards je Filiale können jetzt von jedem eingesehen werden, was das Lernen an Beispielen ermöglicht. Welches Produkt funktioniert an welchen Standorten? Wie viel Umsatz kann man pro Tag machen? Jeder kann in jede Filiale blicken! Der Betriebsrat wurde hierfür schon früh involviert. Auch sind persönliche Umsätze nicht einsehbar, nur die Leistung eines Standorts. Im Social-Kontext gibt es Vergleichszahlen pro Team, auch wenn jeder einen eigenen Account hat, um auf die Plattform zuzugreifen, so ist er selbst – als Kollege – nicht dem Vergleichsdruck ausgeliefert.

Die Anwendung – wieder nicht im Vordergrund sondern nur Vehikel – wurde auf Tablets installiert.

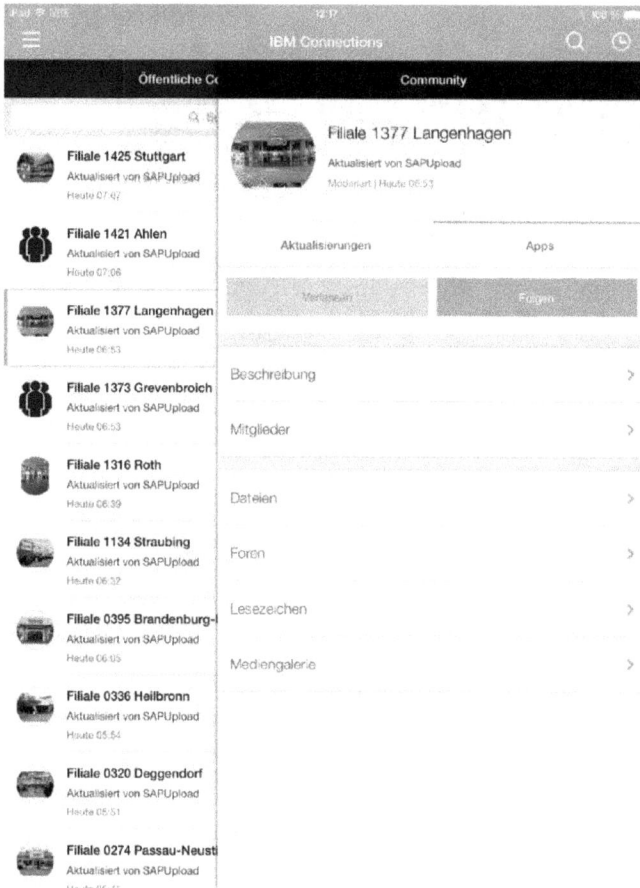

Die zweite große Herausforderung entstand hierbei: Die Verkäufer mussten lernen, das Device zu bedienen. Großzügige 3–6 Stunden wurden in Gruppen für Filialführungskräfte im Rahmen der RegionalMeetings aufgewendet, um den Umgang in Gruppen zu erlernen. Ängste abbauen, Bedienung Device, Software, Nutzen verstehen. Der Mitarbeiter muss enabled werden, heißt befähigt werden, Social Strukturen für sich zu nutzen. Ein Nutzen für ihn muss verständlich sein, so entsteht die Motivation die neuen Social Infrastruktur auch anzuwenden.

Erfahrungen zeigen, dass eine gute breite Durchdringung nur dann möglich ist, wenn eine ausführliche Einarbeitung / Schulung die Einführung begleitet. Früher waren die Informationen in Form von Schreibmaschinen-Rundschreiben mit glorreichen Beispielen verbreitet worden. Nachteilig hierbei war, dass oft die Diskrepanz zu den Vorzeige- Läden groß war, sowie die Verfügbarkeit der Produkte stark abwich, verglichen mit der eigenen Filiale. Viel Frustration kann dadurch entstehen. Antwortmöglichkeiten waren vorhanden, aber nicht wirklich erwünscht, unter anderem weil hierarchische Strukturen abschreckend wirkten.

Jetzt sind die Informationen umfangreicher, mit Bild und manchmal sogar Video. Alle Daten sind selektierbar, durchsuchbar. Jede Filiale ist mit allen Bildern, Sortiment und Zahlen in Form einer Community abgebildet. Wie sich das Sortiment aufbaut, und welche Reihenfolge im Laden-Aufbau – zum Beispiel von sportlich bis klassisch – an einem bestimmten Standort funktioniert, kann hilfreiches Beispiel sein. Muss aber nicht funktionieren am Standort in Untersumpfingen. Das muss der Verkäufer vor Ort entscheiden, denn von der Zentrale aus kann das oft nicht beurteilt werden.

IBM Connections ist hier ein Tool, das Dialog und Informations-Austausch ermöglicht, nicht aber von selbst herstellt. Es ist Aufgabe der Einarbeitung / Schulung, beziehungsweise Teil der neuen Unternehmenskultur die Informationen auch tatsächlich zu nutzen, um die eigene Filial-Leistung zu verbessern. Zurück zum Bild der Charaktere: Das Unternehmen muss eine Charakter-Veränderung vollziehen und die Mitarbeiter ebenso.

Hieran wird wieder sichtbar, dass Social Business eine Struktur ist, und nicht eine Lösung. Social Strukturen einzuführen wird vor allem dann von Betriebsräten unterstützt, wenn diese von Anfang an involviert und befragt werden. Viele Betriebsräte haben selbst Kommunikationsbedarf, der über ein schwarzes Brett hinaus reicht.

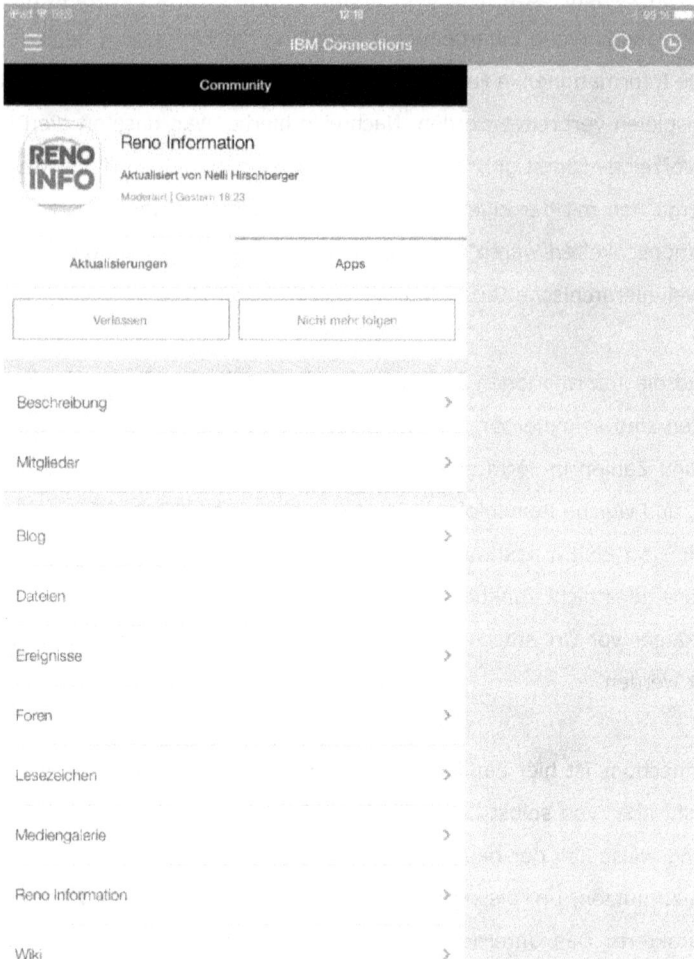

Erst wenn Hierarchie-Ebenen durchlässig sind und Ideen / Verbesserungen auch ankommen und aufgegriffen werden, aber auch erst dann, wenn alle Mitarbeiter mit ihrer Kompetenz aktiviert sind, ist die Wertschöpfung optimiert. In diesem Beispiel werden 6000 User in Europa in IBM Connections vernetzt.

Ein anderer Aspekt ist die Stärkung bestehender Knowledge- Strukturen. Wenn zum Beispiel der Verkäufer auf das Wissen der Spezialisten zugreifen kann: Mengen- Planung, Sortiment-Konzeption, Marketing-Ideen, Bauabteilung für Filialen. Wenn der Verkaufs-Mitarbeiter auf diese Informationen zugreifen kann, können die entwickelten Konzepte auch konsequent umgesetzt werden. Oft verlieren gute Konzepte auf dem Weg zur Umsetzung ihre Wirkung, weil den Umsetzenden die logischen Bestandteile des Konzepts nicht klar sind; sie wissen nicht wirklich, warum was wie funktioniert.

Feedback

Feedback, Äußerung von Gefühlen und Unzufriedenheit einzelner Mitarbeiter ist anfangs nicht zu erwarten. Nach einigen Jahren kann sich eine Mitteilungs-Kultur entwickeln. Die User werden mutiger. Im Dialog werden auch mal Fehler gemacht und der eine oder andere Beitrag will vom Verfasser zurückgezogen werden.

Die Zielsetzungen wofür Social Tools eingesetzt werden ändern sich mit der Zeit. Denn die Erfahrung wird neuen Nutzen aufzeigen.

Insgesamt ist die Einführung von Social Strukturen auch ein Strategieschwenk, der aus einem Arbeiter einen Mitarbeiter macht. Eine solche Einführung ist kein Tagewerk, sondern die Entwicklung der Unternehmenskultur. Dementsprechend wird der flexible und schnelle Mittelstand auch früher den Nutzen nachweisen können, als ein großer und träger Konzern. Vielleicht ist gerade der Mittelstand besonders prädestiniert, seine ohnehin vorhandenen sozialen Stärken noch weiter auszubauen und den informellen Strukturen die befähigenden Tools für große Wirksamkeit an die Hand zu geben.

Vom Computer eliminiert

Software eliminiert beste Bewerber

von Burgy Zapp von Schneider-Egestorf

Im Unterschied zu herkömmlichen Stellenportalen ist Adzuna eine Job-suchmaschine, über die man Zugang zu den Stellenangeboten aller füh-renden Portale bekommt – allein in Deutschland mehr als 500.000 Stel-lenangebote. Weltweit nutzen mehr als fünf Millionen Menschen in elf Ländern Adzuna für ihren beruflichen Aufstieg.

Aus berufenem Munde stammt also die Warnung von Inja Schneider, Country Ma-nager Deutschland bei Adzuna: "Aus Bewerbersicht ist es nachvollziehbar, den ei-genen Lebenslauf so kreativ wie möglich zu gestalten, um möglichst aus der Menge herauszustechen. Viele Bewerber sind sich jedoch nicht bewusst, dass ihr Lebens-lauf bei zahlreichen Bewerbungsverfahren in erster Linie von einem Computersys-tem gelesen wird, das von einer aufwendigen Form- und Farbgestaltung keine Notiz nimmt".

Die computergestützte Vorauswahl der Bewerber birgt also eine sehr reale Gefahr, hervorragende Arbeitskräfte bereits vor der Sichtung durch die Personalverant-wortlichen zu eliminieren. Das ist ein Aspekt, über den sich Recruiter im Detail informieren sollten. In heutigen Bewerbungsverfahren wird ein Lebenslauf kaum noch von einem Menschen gelesen, ohne dass die Datei zuvor durch ein Com-putersystem verarbeitet wurde. Eine aktuelle Untersuchung der Jobsuchmaschine Adzuna zeigt die Schwächen des CV-Parsing auf. Adzuna ist der Betreiber der kos-tenlosen Lebenslauf-Analyse Plattform http://try.adzuna.de/value-my-cv/, die auf einer gängigen HR-Softwaremethode, dem sogenannten CV-Parsing, basiert. Setzt ein Unternehmen also CV-Parsing ein, so empfiehlt sich jedenfalls eine zumindest oberflächliche „human" Sichtung der Bewerber, die diese Softwaremethode eliminiert oder ganz nach hinten gestellt hat – und das sind nicht wenige!

Nun zu den statistischen Werten. Eine im März 2016 durchgeführte Untersuchung des Portals, bei der eine Stichprobe von 2.000 Lebensläufen untersucht wurde, ergab, dass bei 47 Prozent der Lebensläufe eine Lücke im Werdegang von über sechs Monaten festgestellt wurde. Weitergehende Untersuchungen der betroffenen Lebensläufe zeigten, dass in zahlreichen Fällen die Art der Formatierung den Prozess des CV-Parsings, d.h. das Einlesen der angegebenen Informationen, beeinträchtigte. Beim CV-Parsing werden die im Lebenslauf enthaltenen Erfahrungen, Kenntnisse und Fähigkeiten gescreent und in ein strukturiertes Format umgewandelt, welches von einem Softwaresystem eingelesen werden kann. Form- und Farbgestaltung der Datei werden bei diesem Vorgang entfernt. Adzuna's Untersuchung ergab, dass insbesondere Lebensläufe mit einer aufwendigen Gestaltung zu Problemen beim CV-Parsing führen können.

Top 5 Schwachstellen, aufgrund deren die Bewerber bei computergestützen Bewerbungsverfahren falsch eingeordnet werden:

1. Lebenslauf enthält Tabellen

Viele Softwaremethoden zur Dokumenten-Konvertierung können Tabellen nicht korrekt verarbeiten, wobei der enthaltene Text nicht korrekt entnommen wird oder zusätzliche Leerzeilen eingefügt werden können, welche die Gliederung durcheinander bringen.

2. Verwendung von Grafiken zur Darstellung textlicher Inhalte

Bei der Verwendung von Grafikformaten wie beispielsweise .gif, .jpg oder .png zur Darstellung des Werdegangs innerhalb des Lebenslaufes werden diese beim Vorgang des CV-Parsings ignoriert und somit kann die enthaltene Information nicht entnommen werden.

3. Start- oder Enddatum der beruflichen Stationen sind nicht enthalten

Sind Start-/Enddatum der verschiedenen Stationen nicht in standardisierter Form angegeben, so werden diese von der Software als Lücke interpretiert. Zeiträume sollten im Werdegang immer mit Start- sowie Enddatum aufgeführt werden. Als korrekte standardisierte Auflistung dient der ausgeschriebene Monat sowie eine vierstellige Jahreszahl, beispielsweise: Januar 2015 - Mai 2016

4. Lebenslauf ist im PDF-Format

Auch PDF-Lebensläufe laufen Gefahr, ins Abseits zu geraten. Die Herausforderungen bei der Verarbeitung von PDF-Dateien liegt in der Textextraktion, was bei manchen CV-Parsing Systemen zu Problemen führen kann. Die Verwendung von Word-Dateien kann dagegen das Einlesen der Informationen erleichtern.

5. Abschnitte im Lebenslauf sind nicht klar benannt

Software-Fehleinschätzungen entstehen ferner, weil einzelne Abschnitte nicht mit gängigen Überschriften wie   beispielsweise „Ausbildung" oder „Berufserfahrung" versehen wurden, die zudem klar voneinander getrennt aufgeführt sein müssen, um ein korrektes Einlesen zu ermöglichen.

Die HR-Abteilung kann für besseres Verständnis dieser Software-Probleme einige Lebensläufe in ein Textverarbeitungssystem wie beispielsweise Word kopieren. Wenn das Layout dabei verzerrt wird ist es wahrscheinlich, dass der Lebenslauf nicht korrekt geparst wird.

CV-Parsing ist eine gängige HR-Softwaremethode. Dabei wird der Lebenslauf zuerst in ein strukturiertes Format umgewandelt, welches von einem Softwaresystem eingelesen werden kann und somit keine manuelle Dateneingabe erfordert. Einmal geparst, bildet die eingelesene Information ein Kandidatenprofil, welches Personalverantwortliche aufrufen können, wenn sie nach Personen mit bestimmten Fähigkeiten oder Fachkenntnissen suchen und sich somit einen Talentpool, d.h. eine

Datenbank passender Kandidaten aufbauen. In Deutschland ist der Einsatz einer solchen Software unter anderem bei Bosch bekannt.

Online-Check auch für die Personalabteilung wichtig

Adzuna's Lebenslauf-Analyse Plattform ValueMyCV http://try.adzuna.de/value-my-cv/ basiert auf diesem Prinzip und kann somit als kostenloser Check für Bewerber dienen, indem sie sehen können, wie ihr Lebenslauf von einer professionellen HR-Software aufgenommen würde. Dies ist auch für die Personalabteilung eine kosten-freie und rasche Hilfe bei der Orientierung, wie denn eigentlich die vom Unternehmen eingesetzte Software funktioniert und ob es gut wäre, selbst in manchen Fällen einen kurzen Blick auf die Lebensläufe zu werfen. Dabei können Lebensläufe beliebig oft be-arbeitet und hochgeladen werden, um ein fehlerloses Einlesen der angegeben Infor-mationen zu erreichen und die Erfolgschancen bei Bewerbungsverfahren zu erhöhen.

Zeit- & Zugriffs-Management mit RFID

von Dr. Eldar Sultanow und Michael Kretzer

Verschiedene aufeinander abgestimmte betriebliche Informationssysteme bilden das Zeitmanagement, die Sicherheit, Auditierung und das Zugriffsmanagement ab. Unter Verwendung der RFID-Technologie lassen sich die genannten Anforderungen mittels einer gemeinsamen Plattform erfüllen. Der vorliegende Artikel zeigt dies anhand praktischer Referenzbeispiele.

Pharma, Medizin und Pflege

Das Thema Zugriffsmanagement hängt im Pharmaund Medizinbereich eng zusammen mit dem Datenschutz, der aufgrund außenpolitischer Ereignisse ohnehin an immenser Bedeutung gewonnen hat.

Die mittels Zugriffsmanagement zu bewältigende Grundbedrohung besteht in dem Verlust der Vertraulichkeit, z. B. [1]:

• Akten oder sonstige Datenträger gelangen in unbefugte Hände

• Gespräche werden von Unbefugten mitgehört

• Unbefugte können Texte (mit)lesen

• Es werden zu viele Daten übermittelt

• Daten werden an falsche Empfänger übermittelt

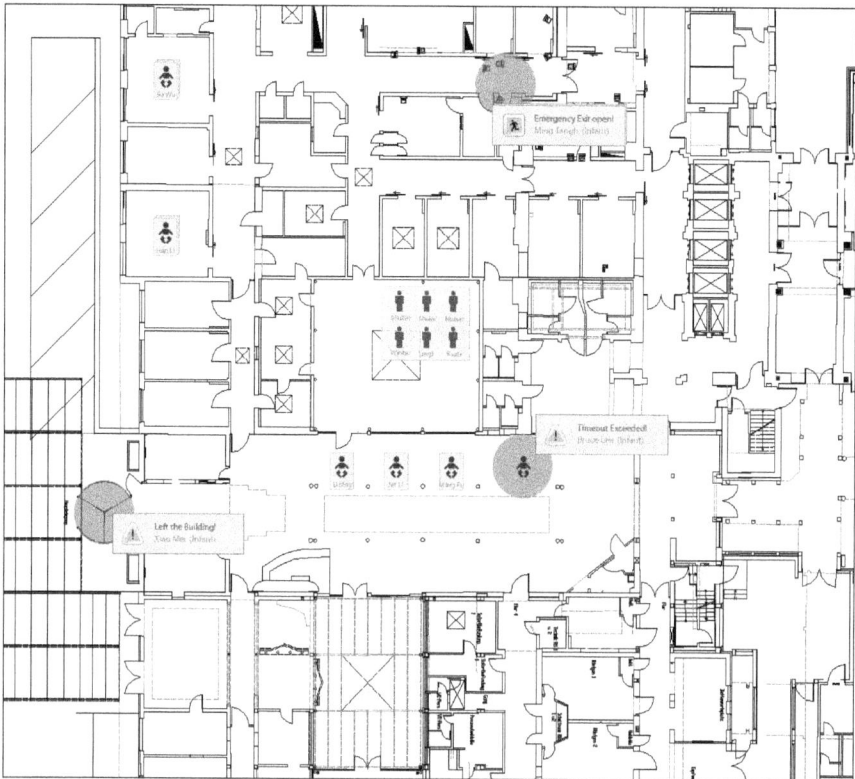

Abb. 1: RFID-basiertes Zugriffsmanagement und Ortung in Kliniken mit QS-Locate

Arzt-Praxis

Der Verlust der Vertraulichkeit der Daten ist im Gegensatz zum Verlust der Daten-verfügbarkeit und -integrität irreversibel: Ein offenbartes „Geheimnis" ist keines mehr und kann nicht wieder zu einem Geheimnis werden. Im Folgenden wird am Referenzbeispiel einer Augenarztpraxis im Ruhrgebiet von Dr. Mönnig [1] die tech-nische Umsetzung von Zugriffs- und Zeitmanagement beschrieben.

Herausforderung in diesem Projekt war es, die personenbezogenen Daten vor frem-den Blicken zu sichern, weil die in Praxen gewöhnlichen offenen Räume die Gefahr bergen, dass Dritte die persönlichen Patientendaten auf den Bildschirmen der Pra-xis-PCs einsehen können. Aus diesem Grund wurde eine RFID-basierte Plattform

„QS-Locate" der XQS-Service GmbH eingeführt, welche die Bildschirme und Tastaturen bei Abwesenheit der Ärzte und Schwestern automatisch sperrt.

Praktisch bedeutet dies, dass jeder PC-zugangsberechtigte Mitarbeiter und der Doktor sich morgens an einer Chip-Sammelstelle einen kleinen Sender abholt und diesen immer bei sich trägt. Jeder Träger wird dabei über einen Zahlen-Code eindeutig identifiziert. So weiß das System permanent, wer wo ist und ob sich ein „Berechtigter" in unmittelbarer Nähe einer Arbeitsstation befindet.

Jeder Praxis-Rechner schaltet Tastatur, Maus und Monitor innerhalb einer Sekunde für berechtigte User frei, wenn er sich in einem definierbaren Umkreis, etwa in zwei Meter Nähe zum PC befindet. Die Plattform steuert die Zugriffkontrolle an allen Rechnern zentral, sichert zudem Großgeräte gegen Diebstahl und kontrolliert sämtliche Praxiszugänge und Fernster (Einbruchschutz). F

ür den Praxisablauf ist es bei einer schnellen Taktung hilfreich, wenn der Arzt erkennt, welche unterstützenden Untersuchungen (z. B. für ein Gutachten) schon gelaufen sind oder noch unmittelbar ablaufen (welcher „dafür qualifizierte" Mitarbeiter sitzt aktiv an welchem Messplatz / PC).

Ebenso lassen sich mit dem System Arbeitszeiten und Unterbrechungen erfassen. An der Eingangstür zum Sozialraum befindet sich die zentrale Chip-Sammelstelle für die Sender. Sender, die sich hier länger als 3 Minuten befinden, sind dann arbeitstechnisch abgemeldet. Wenn ein Mitarbeiter nur an diesem Punkt vorbei läuft, bleibt er in der Arbeitszeiterfassung.

Wer die Praxisräumlichkeiten mit einem Sender verlässt und von keinem Rechner mehr „gesehen" wird, obgleich sein Sender nicht an der Sammelstelle ist, kann extra erfasst werden. Am Ende des Arbeitstages müssen die Sender alle an der Sammelstelle sein. Der Server registriert dann, dass alle ihre Arbeit beendet haben.

Pflege-Dokumentation

Diese reibungslose Form der Zeiterfassung ist auch im Bereich der Pflege relevant – ein Bereich mit hohem Personalaufwand und -bedarf. Die demographische Entwicklung in unseren Breiten bedingt eine zunehmende Notwendigkeit der Pflegebranche, die hierzulande den wachsenden Bedarf wegen fehlendem Personal kaum decken kann. Deshalb wundert es kaum, dass in dieser Branche „jeder Handschlag" abhängig der entsprechenden Pflegestufe abgerechnet wird.

Mit Hilfe von RFID-Elementen, kapazitiven und magnetischen Sensoren, Bewegungsmeldern und Verbrauchsmeldern lassen sich wichtige Ereignisse in der Pflege identifizieren, woraus einzelne Pflegetätigkeiten, auch für die Abrechnung, hergeleitet werden [2].

Jede fünfte Klinik in Deutschland, so Christa Friedl [3], steckt in den roten Zahlen. Das ist kein Wunder: Die Behandlungstechnik wird immer kostspieliger, die Logistik komplexer und die Verwaltung ist mittlerweile so aufwendig, dass Ärzte und Pfleger 40 % ihrer Arbeitszeit für Dokumentation und Abrechnung benötigen.

Patienten-Ortung in Krankenhaus und Pflegeheim

Eine 2006 veröffentlichte Studie unter Federführung von Prof. J. E. Gray [4], zur Verwechselungsgefahr von Säuglingen in Krankenhäusern belegt, dass die Gefahr der falschen, und somit schädlichen, Medikation für diese Patientengruppe besonders prekär ist und verständlicherweise auch häufiger vorkommt, als bei erwachsenen Patienten, mal ganz abgesehen davon, dass Eltern das falsche Baby mit nach Hause nehmen [5, 6].

Um die Stituation zur Verwechselungsgefahr von Säuglingen zu beleuchten, führte die Deutsche Gesellschaft für Gynäkologie und Geburtshilfe in 775 deutschen Frauenkliniken eine Umfrage nach dem üblichen Prozedere zur Identifikation Neugeborener durch [7]. In Kliniken verhindert zum Beispiel die oben angesprochene QS-Locate Lösung die Verwechslung oder sogar den Diebstahl von Säuglingen.

Dies kommt vor allem in Ländern wie Brasilien oder in Südostasien vor. Eine RFID-basierte Plattform bringt im Krankenhaus- und Pflegeumfeld auch diesen weiteren Vorteil: Sie ermöglicht die Ortung von Ärzte- und Pflegepersonal sowie Patienten und zu pflegenden Personen (Abb. 1).

In Pflegeheimen können Demenz-Patienten schnell wieder gefunden werden. Oftmals kommt es vor, dass sich diese verlaufen und nicht mehr zurück finden. Sturzsensoren alarmieren das Pflegepersonal, das dank der Ortungsfunktion die betroffene Person sofort auffinden kann.

Häusliche Überwachung

Ergänzend gilt es jedoch, den Zufluss neuer Pflegebedürftiger zu bremsen und die Zeit der Eigenständigkeit zu verlängern [8]: 2030 werden fast dreieinhalb Millionen Menschen in Deutschland pflegebedürftig sein, schätzt das Statistische Bundesamt. Das ist zwar nur eine Million mehr als heute, aber womöglich ist es die Million, die das Pflegesystem kippen lässt [9].

Nicht nur in Deutschland fürchtet man sich vor den Folgen der demographischen Bombe. Seit vier Jahren fördert die Europäische Union in 23 Ländern die Arbeit von Ingenieuren und Informatikern, die sie entschärfen wollen, wie Robert Gast [9] weiter berichtet. In Deutschland hat das Bundesforschungsministerium (BMBF) mit 45 Millionen Euro zahlreiche Projekte gefördert. Die Forscher erproben verkabelte Westen, die bei einem Herzinfarkt automatisch den Notarzt rufen, Computerspiele, die nach dem Schlaganfall zu Fitnessübungen animieren, und Sensoren für alle, die

Angst haben, zu stürzen oder Herdplatten an und Fenster offen zu lassen. Ambient Assisted Living (AAL) heißt die Technologie. Die technische Assistenz soll Krankenhausaufenthalte kürzer und Heimeinweisungen seltener machen [9].

Die in diesem Beitrag angesprochenen Anwendungsmöglichkeiten im medizinischen und pflegenden Bereich sind mit entsprechender Abwandlung bereits auch in vielen Unternehmen im Einsatz und zwar keineswegs nur in Form von Zutrittskontrolle und Arbeitszeiterfassung.

Die Autoren des Buches: Michael Kretzer

Michael Kretzer ist Geschäftsführer der XQS Service GmbH und des Pharmagroßhandels Max-Pharma. Seit 1989 arbeitete Herr Kretzer bei verschiedenen Pharmaunternehmen – vom Außendienst bis hin zur Leitung Vertrieb und Marketing. Die Karriere begann mit der Ausbildung zum Kinderpfleger, anschließend der Krankenpflege und des Pharmaberaters.

Michael Kretzer, kretzer@xqs-service.com, CEO, XQS Service GmbH

Die Autoren des Buches: Dr. Eldar Sultanow

ist Architekt bei Capgemini Deutschland. Er interessiert sich für Unternehmensarchitekturen, Cloud-Computing und Digitalisierung.

eldar.sultanow@capgemini.com

Literatur:

[1] Sultanow, E. & Mönnig, B. (2013). Patientendatenschutz, Indoor-Ortung und Temperaturüberwachung in Kliniken, Apotheken und Praxen. Onkologische Pharmazie, 15(3), 54-58.

[2] Gözüyasli, L. (2014). Einsatz von Sensorik im Krankenhaus. Fraunhofer-Institut für mikroelektronische Schaltungen und Systeme IMS. http://www.fkt. de/de/de/krhs_technika_vortraege/einsatz_von_sensorik_im_Krankenhaus

[3] Friedl, C. (2013). Kranke unterm Strichcode. VDI Nachrichten, 16.08.2013 (Ausgabe 33), https://www.vdi-nachrichten.com/Technik-Wirtschaft/Kranke-unterm-Strichcode

[4] Gray, J. E., Suresh, G., Ursprung, R., et al. (2006). Patient Misidentification in the Neonatal Intensive Care Unit: Quantification of Risk. Pediatrics, 2006, 117, e43-e47. DOI: 10.1542/peds.2005-0291

[5] Gray, J. E., Goldmann, D. A., (2004). Medication errors in the neonatal intensive care unit: special patients, unique issues. Arch Dis Child Fetal Neonatal Ed 2004;89

[6] McCartney, P. R. (2003). Newborn Identification, Screening, and DNA. MCN, American Journal of Maternal Child Nursing. 28(2), 124.

[7] Berg, D., Felber, A., Hübner, M., & Jonat, W. (2008). Die Identifikation Neugeborener. Der Gynäkologe 41(7), 544-548. DOI: 10.1007/s00129-008-2217-6

[8] Rötzer, F. (1999). Roboter und Sensoren überall. Heise Online, 19.11.1999, http://www.heise.de/tp/artikel/5/5501/1.html

[9] Gast, R. (2013). Der unsichtbare Pfleger. Zeit Online, 2013(2), http://www.zeit.de/2013/02/Pflege-Technologie-Ambient-Assisted-Living

Erzwungene Flexibilität führt zu Wechselfreudigkeit

von Doris Papenbroock

Laut einer Studie des Best-Practices- und Technologieunternehmens CEB erwartete jeder vierte Arbeitnehmer (24 Prozent) in Deutschland im 2. Halbjahr 2016 größere betriebliche Umstrukturierungen. In den vergangenen zwölf Monaten sind in den meisten Unternehmen bereits weitreichende Veränderungen erfolgt.

Viele Arbeitnehmer sind daher laufend mit Veränderungen konfrontiert. Die neuen Daten von CEB zeigen, dass viele Angestellte dies nun zu ihrem Vorteil nutzen, indem sie sich nach neuen Stellen umsehen. Die Anzahl der aktiv Arbeitssuchenden stieg im Q2 2016 gegenüber dem Vorquartal um drei Punkte – der stärkste Anstieg in den vorangegangenen 12 Monaten. Die Beschäftigten sind der Veränderungen im Unternehmen müde und wollen den Wechsel daher lieber in die eigene Hand nehmen, um dabei wenigstens einen Karriereschritt oder Gehaltssprung zu machen. So richten sie ihre Anstrengungen vermehrt darauf, Arbeitsstellen zu finden, die ihnen bessere Karriereaussichten bieten.

Tempo und Ausmaß der durch kontinuierliche Veränderungen hervorgerufenen Störungen – vor allen Dingen durch betriebliche Umstrukturierungen und Änderungen in der oberen Führungsebene – haben nun Auswirkungen auf die Arbeitskräfte in Deutschland. Wie der Global Talent Monitor von CEB zeigt, halten 15 Prozent der deutschen Arbeitnehmer nach demotivierenden Monaten an ihrem Arbeitsplatz Ausschau nach neuen Beschäftigungsmöglichkeiten. Tatsächlich fühlen sich die deutschen Arbeitnehmer vermutlich unterfordert, da nur 2,8 Prozent von ihnen die Möglichkeit gegeben wird, neue Fertigkeiten anzuwenden, im Vergleich zu 7,8 Prozent in China, 7,5 Prozent in Großbritannien und 6,9 Prozent in den USA.

André Fortange, Managing Director für Deutschland, Schweiz und Österreich bei CEB erklärt: „Mehr als je zuvor brauchen Unternehmen in Deutschland agile Arbeitskräfte, die sich an Veränderungen anpassen können. Der Fachkräftemangel führt jedoch bereits in vielen Firmen zu Einschränkungen bei der Produktivität und der Leistungsfähigkeit, besonders wenn sie für die Arbeit an neuen, digitalen Innovationen auf Fachkräfte aus den MINT-Bereichen angewiesen sind."

Umschulung und Weiterbildung von Arbeitnehmern, um die Lücke zu füllen

Nach dem Bekanntwerden der steigenenden Qualifikationslücke in den MINT-Bereichen innerhalb der letzten zwei Jahren, zeigen die Angebotsdaten und Nachfrageanalysen von CEB, dass ungefähr 70 Prozent der zwischen Januar und März 2016 angebotenen Stellen spezifische Fertigkeiten aus den MINT-Bereichen erforderten. Jedoch erfüllen bundesweit nur 36 Prozent der Kandidaten die Kriterien für diese Stellen.

Arbeitnehmer nennen nach wie vor den Mangel an Karrierechancen als Hauptgrund für eine Kündigung. Für jene, die Veränderung anstreben, sind besser bezahlte Stellen an günstiger gelegenen Bürostandorten mit einem besseren kollegialen Arbeitsumfeld am attraktivsten.

Um dem Arbeitskräfteabgang und einem zukünftigen Arbeitskräftemangel entgegenzuwirken, müssen Unternehmen realistische Veränderungserwartungen und professionelle Entwicklungsmöglichkeiten bieten, die beiden Seiten nützen – sowohl den Arbeitnehmern als auch den Unternehmen.Dazu Fortange abschließend: „Unternehmen müssen bei Aus- und Weiterbildungen für ihre Mitarbeiter intelligenter vorgehen. Ob sie nun beschleunigte Ausbildungsmaßnahmen oder formalisierte Programme für die Arbeitsplatzrotation anbieten – sie sollten es Mitarbeitern ermöglichen, neue Fertigkeiten zu erlernen und dann auch anzuwenden. Sonst laufen Unternehmen Gefahr, die besten Mitarbeiter zu verlieren und die Besetzung von Stellen zu erschweren."

Die Daten des Global Talent Monitor stammen aus einer globalen Umfrage, dem Global Labour Market Survey von CEB, an der über 20.000 Angestellte aus 40 Ländern teilnehmen. Die Umfrage wird vierteljährlich durchgeführt und spiegelt die Marktbedingungen im Quartal vor der Veröffentlichung wider. Besuchen Sie www. cebglobal.com/talentmonitor, um mehr zu erfahren und Mitarbeiterdaten aus aller Welt zu vergleichen.

www.cebglobal.com/talentmonitor

Der Bewerber als Kunde

von Burgy Zapp von Schneider-Egestorf

Zwei Themen sollen in diesem Artikel beleuchtet werden:

1. Wie kann ich die besten Arbeitskräfte, die zu meinem Unternehmen passen, begeistern?

2. Wie kann Unternehmenskultur besser nach außen kommuniziert werden, um den richtigen Bewerber anzusprechen?

Die gleichzeitige Behandlung dieser beiden Themen ergibt sich aus dem Beispiel: Novartis, das für diesen Artikel Modell steht. Bei Novartis dreht sich alles um den Endkunden, das ist sicher nicht für jede Branche eine gute Strategie. Aber in unserem Fall überträgt Novartis dieses Konzept auf die Recruiting Strategie.

Die potenziellen Mitarbeiter werden nicht als lästige Drangsalierer, die aussortiert werden müssen, wahrgenommen, sondern als Kunden aufgefasst; hier gilt das Motto customer first (vgl. Fragestellung 1 & 2). Soweit zur Theorie, die Praxis ist letztendlich auch ein Bewerbungsverfahren. Jetzt mehr zu den Verbesserungen im Recruiting.

Novartis ist nicht organisch langsam gewachsen, sondern ist in relativ kurzer Zeit über Acquisitions-Wellen sehr stark gewachsen. Daher gab es viele Recruiting-Strategien die stark themenspezifisch ausgerichtet waren – weniger wurde die Frage gestellt, welchen Bewerber spricht Novartis an. Bewerber konnten sich an 40

Ansprechpartner wenden. Dem folgten viele unterschiedliche Bewerbungsprozesse. Mit Hilfe von IBM wurde die Umstrukturierung und Vereinheitlichung des Recruitings so vollzogen, dass unter anderem die zwei Fragestellungen 1 & 2 angegangen wurden, ohne dabei die Stärken (Renommee) der einzelnen Brands zu verlieren.

Die unterschiedlichen Brands sind bei vielen Menschen und künftigen Mitarbeitern bekannt, entsprechend sinnvoll ist es auch, dass jede Brand einzeln bei der Bewerberansprache ihr Renommee nutzt. Über den einzelnen Brands schwebt als Membran die schwach ausgeprägt Dachmarke Novartis, die jedoch den Mitarbeitern (vgl. Fragestellung 1) mehr Weiterentwicklung und Aufstieg ermöglicht als es jede Division für sich könnte. Das wird beispielsweise auf der Internetseite von Hexal für Karriere so angeboten. An dieser Strategie wird sichtbar, dass die Einführung komplexer Unternehmens- Software z. B. fürs Recruiting mehr ein Beratungsprozess ist als eine spezifische Software-Lösung.

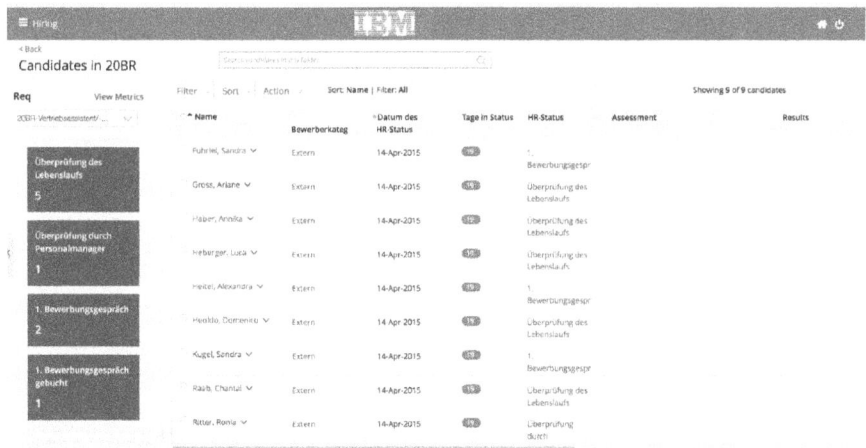

IBM Kenexa BrassRing – Sicht der Bewerber auf eine konkrete Stelle (20BR)

Damit stellt sich die erste Hürde, denn Novartis sucht primär Mitarbeiter die zum Unternehmen passen und erst sekundär gibt die Qualifikation des neuen Mitarbeiters den Ausschlag. Strategisch ist Novartis bereit, die fehlenden Qualifikationen des passenden Mitarbeiters nachzurüsten. Der Ausbau von Qualifikationen ist zugleich eine Weiterentwicklung (vgl. Fragestellung 1) für neue Mitarbeiter. Zudem ergibt sich so eine größere Auswahl an talentierten und begeisterten Mitarbeitern, die zur Kultur (vgl. Fragestellung 2) des neuen Arbeitsplatz- Umfelds passen.

IBM Kenexa BrassRing – Datenauswertungen mit der IBM Watson AnalyWcs Supercomputer Technologie. Einfach zu bedienen, versteckte Muster in Daten erkennen, Einsichten Gewinnen um fundierte Entscheidungen zu treffen.

Aufbau Software Lösung:

Marketing Channel z.B. Monster.de, Messe, Google etc. > Novartis Karriere Platform > IBM Kenexa BrassRing > Jobangebote nach Standort > Bewerbung hochladen

Der Übergang ist für den Bewerber kaum zu unterscheiden – vom Surfen bis zum Upload mit wenigen Clicks.

Zurück zu „customer first": Das Produkt ist hierbei der Arbeitsplatz. Ist dieser überhaupt attraktiv, wie kann das Produkt attraktiver gemacht werden? Und wie kann man das Produkt „attraktiver Arbeitsplatz" nach außen kommunizieren?

Die Attraktivität des Arbeitsplatzes wird erhöht und beworben zum Beispiel durch Work-Life-Balance Maßnahmen wie hauseigenes Fitness-Studio und Kinderkrippe für berufliche Wiedereinsteiger. Damit wirbt Hexal konkret unter „was wir bieten".

Um den Bewerber bei seinen Bedürfnissen angemessen zu empfangen, wird das Informationsangebot segmentiert für die Zielgruppen angepasst , z. B. Ausbildung, Forschung etc.

Aus den 40 Ansprechpartnern wurde einer, ohne die Vielfalt zu verringern. Von dort aus führen die Informationen und eine Hilfestellung für den Bewerber durch den Dschungel eines Großkonzerns. Hierfür musste man die Standorte überzeugen, dass sich aus der neuen Recruiting-Strategie gebündelt in Novartis ein größerer Nutzen ergibt; konkret heißt das mehr und bessere Bewerber. Auch musste man in der Zentrale darauf achten, dass alle Standorte gleichermaßen von dem Bewerber- Pool profitieren, um Konkurrenz-Denken vorzubeugen. Alle Standorte können auf den Pool zugreifen. Novartis bemüht sich sehr, dass sich Bewerber um eine bestimmte Stelle bewerben mit angepasstem Anschreiben.

Aufbau Logisch:

Prozess in zwei Teilen:

1. emotionale Kaufentscheidung: Arbeiten für Novartis.

2. rationale Kaufverhandlung: Konditionen, etc. bis Produkt Arbeitsplatz verkauft

Die emotionale Kaufentscheidung

wird unterstützt durch Zielgruppen-Segmentierung, die zu einem Abgleich des „cultural fit" führen soll, (Passe ich als Mitarbeiter zum Unternehmen oder nicht?). Der Benutzerstrom wird erfolgreich durch Zielgruppen- Channels gelenkt (getrackt wird mit Analytics).

Der rationale Teil der Kaufentscheidung

findet im Kenexa BrassRing System statt: Bewerbung, Gespräch 1 und 2, dann weiter mit allen klassischen Schritten. Hierbei wird das Verhalten der Bewerber analysierbar durch die Verknüpfung der Marketing Aktivitäten (z.B.: Messe-Teilnahme, Stepstone, Monster etc.) kombiniert mit den Statistiken des Karriere-Portals. Alle Daten fl ießen in BrassRing ein und zeigen dort auf, welche Bewerber aus welchen Maßnahmen stammen und welchen Weg sie gewählt haben. Hier wird deutlich, dass dieser Nutzen der Analysierbarkeit durch die Software-Lösungen generiert wird, die hinter der neuen Unternehmenskultur im Recruiting stehen und diese mit harten Fakten unterstützen. Wo die Schwerpunkte beim Recruiting-Marketing gesetzt werden, ist nicht mehr nur Bauchgefühl sondern basiert auch ganz wesentlich auf harten Fakten.

Vorteilhaft bei der durch die IBM Software Kenexa und durch die Hilfestellung von Novartis Personalern gestützten Lösung ist die bessere Orientierung und speed of hire (vgl. Fragestellung 1). Während bei anderen Firmen noch Unterlagen weitergereicht werden, hat der Bewerber bei Novartis bereits eine erste Orientierung, eine konkrete Vorstellung seines künftigen Arbeitsplatzes und den richtigen Ansprechpartner. Die Vorstellung vom Arbeitsplatz wird durch öffentliche Profile von echten Mitarbeitern generiert. Echte Menschen stellen sich und ihren echten Arbeitsplatz vor. Viel besser als Erfolgsgeschichten aus der modernsten Filiale mit den modernsten Einrichtungen ist die Realität. Diese wird präsentiert und vermittelt zugleich. Im Jobportal > Berufserfahrene > Persönliche Einblicke für Berufserfahrene berichtet zum Beispiel Dr. Timo Wasmuth wie sein Team zusammen gesetzt ist, welche Aufgabenstellungen sie bewältigen müssen, um Medikamente erfolgreich durch die Zulassung zu führen und wie er Familien-Nachwuchs und Beruf verbindet. Auch die Beispiele anderer Mitarbeiter sind sehr konkret und geben Einblick in eine Zukunft bei Novartis (vgl. Fragestellung 2).

Insgesamt ist die Karriere-Seite so aufwändig gestaltet und mit teuren Features beladen, dass ich anfange Novatis zu glauben, dass „customer first" auch auf den Bewerber ausgeweitet wurde. Sehr positiv stelle ich fest, dass der Abscheu nicht aufkommt, den wir oft empfinden wenn wir Werbung sehen, die so gar nicht zur Realität der Inhalte passt. Ebenfalls transparent und offen will Novartis im Vorstellungs-Gespräch sein, denn hier wird dem Bewerber auch mal erklärt was Novartis leider nicht leisten kann. Eine vernünftige Strategie, denn Novartis scheint viel in neue Mitarbeiter zu investieren und will diese mit Sicherheit nicht frühzeitig wieder abgeben.

Resultate:

Hat sich messbar gezeigt, dass die Trefferquote besser geworden ist? Feedback der Recruiter: Ja, sie ist besser. Tendenz: Die Bewerber passen besser.

1. Speed of hire steigern
2. Vorteile des Unternehmens, guten Ruf als Werbung nutzen für künftige Mitarbeiter.
3. Internetseite bewirbt nicht nur Kunden, sondern bewirbt auch potenzielle Mitarbeiter.
4. Analyse: Woher kommen die besten Bewerber, dorthin müssen mehr Werbemittel fließen.

Novartis kocht auch nur mit Wasser. Um so erfreulicher sind die viel besseren Ergebnisse beim Recruiting. Diese kommen zustande, weil sich Novartis um seine Mitarbeiter und Bewerber bemüht und das auch angemessen kommuniziert. Dorthin zu kommen war vielleicht mehr Beratungsleistung beziehungsweise Kulturwandel, als nur Resultat der neuen Software von IBM und Mitarbeiterschulung. Eine Software kann ein Unternehmen nur bei Aktivitäten unterstützen, die auch unternommen werden.

Fachkräftemarkt: Jede sechste Stelle wird heute mit IT-Personal besetzt

von StepStone

Die Digitalisierung der deutschen Wirtschaft beschleunigt sich – und sie wirkt sich auf alle Branchen aus. Diese Entwicklung lässt sich auch am Personalbedarf deutscher Unternehmen ablesen: Jede sechste Stellenausschreibung für Fachkräfte richtet sich heute an Spezialisten mit IT-Hintergrund.

In keiner anderen Berufsgruppe ist die Nachfrage derzeit so hoch wie in den IT-Berufen. Wie aktuelle Auswertungen des StepStone Fachkräfteatlas zudem zeigen, zieht der Bedarf weiter an: Im Februar 2016 stieg die Nachfrage im Vorjahresvergleich um 20 Prozent, im Vergleich zum starken Vormonat um 7 Prozent an.

„Egal ob im Handel, in der Logistik oder im Bankensektor – Fachkräfte mit IT-Wissen dringen in alle Wirtschaftszweige vor. Sie nehmen eine Schlüsselrolle ein, denn Unternehmensprozesse sind heute zunehmend digital getrieben. Wir beobachten, dass insbesondere Softwareentwickler und -berater sowie Anwendungsentwickler dringend gesucht werden", erklärt Dr. Anastasia Hermann, Arbeitsmarkt-Expertin bei StepStone.

Positivtrend setzt sich fort

Der StepStone Fachkräfteatlas betrachtet auch die Entwicklung des gesamten Fachkräftemarkts. Nachdem der Bedarf an Fachkräften im Januar 2016 ein Vier-Jahres-Hoch erreichte, verzeichnete die Nachfrage im Februar eine nochmalige Steigerung um drei Prozent. Neben IT-Spezialisten werden insbesondere die Berufsgruppen HR, Finance und Marketing gesucht. Hier weist der StepStone Fachkräfteatlas jeweils ein Plus von über 15 Prozent aus.

Im Vorjahresvergleich wies der Fachkräfteatlas im Dezember 2016 einen deutlichen Anstieg des Nachfrageniveaus nach qualifizierten Mitarbeitern in Deutschland um 21 Punkte aus.

Weitere Informationen zur Entwicklung der Fachkräftenachfrage in Deutschland unter www.fachkraefteatlas.de.

Alle ziehen an einem Strang

von Burgy Zapp von Schneider-Egestorf

Es gibt sexy Produkte, die für sich selbst sprechen. Beispielsweise ein Smartphone oder Tablet kann man anfassen, dann passiert auch etwas. Es gibt aber auch Unternehmen, die ihren Umsatz mit weniger aufregenden Produkten verdienen. Beispielsweise ist eine Versicherung per se ein wenig spannendes Produkt.

Es ist nicht physisch manifest und spricht auch nicht für sich selbst. Ein Mitarbeiter muss der Versicherung ein Gesicht geben und sie in der Vorstellung des Kunden manifestieren. Dafür ist viel Kraft nötig und wenn es dem motivierten Mitarbeiter gelingt, wird dem Kunden klar, was an dieser speziellen Versicherung großartig ist.

Dementsprechend ist es nicht verwunderlich, dass es für Unternehmen wie die Allianz Versicherung besonders wichtig ist, Mitarbeiter zu motivieren. Ein engagierter Mitarbeiter, der hinter dem Produkt und seiner Firma steht, erhöht die Attraktivität des Produkts. Das macht starken Eindruck, auch auf den Umsatz. Selbstredend haben auch andere Unternehmen – mit manifesteren Produkten – Interesse daran, das Mitarbeiter-Engagement möglichst hoch zu halten. Das Arbeitgeber Bruttogehalt macht schnell deutlich, dass Mitarbeiter eine teure Investition sind, diese gilt es zu optimieren.

Wenn sich Mitglieder eines Unternehmens mit der Corporate Identity identifizieren und immer wieder bereit sind, von der Routine abweichend ihre Leistungen möglichst zu steigern, ist schon etwas sehr wichtiges erreicht.

Drei Variablen

1. Identifikation mit dem Unternehmen
2. Allgemeine Motivation
3. Bereitschaft von der Routine abzuweichen, mit dem Ziel die Leistung zu steigern

Zwei Grundlagen

- zu 1. & 2. – der Mitarbeiter kennt sein Unternehmen und hat Einfluss auf seine Arbeitsumwelt. Das erhöht die Identifikation und Motivation.
- Zu 3. – Information und ein Ideen- Austausch bilden die Grundlage für Verbesserungen. Die Erkennbarkeit des eigenen Nutzens ermöglicht die Wertschätzung des Arbeitsplatzes.

Die Maßnahme: Mitarbeiter-Befragung

„Wir haben vor 9 Jahren angefangen, Mitarbeiter und Führungskräfte zu befragen", erklärt Angelika Härtl, Engagement Expert, Allianz SE, und seit 2010 haben wir nun den Allianz Engagement Survey, der global in über 70 Ländern bei 120.000 Mitarbeitern durchgeführt wird, was wirklich eine große Herausforderung ist." Die Befragung umfasst 27 Sprachen und kürzlich wurden Arabisch und Chinese traditional aufgenommen. Dieses hochkomplexe Projekt ermöglicht IBM Kenexa. In 2014 haben beeindruckende 84 % der Mitarbeiter an der weltweiten Befragung teilgenommen.

Kenexa stellt 10.000 pre-generated Reports für die Datenauswertung zur Verfügung. Darüber hinaus erstellte die Allianz unter der Nutzung eines leistungsfähigen Reportingtools über 7000 zusätzliche Berichte, um die Daten wirklich aus allen Richtungen zu beleuchten und zu interpretieren.

In der Psychologie oder bei NLP weiß man, dass jede Frage eine Reaktion in dem Befragten hervorruft. Haben Sie heute einen rosa Elefanten gesehen? Eine derartige Frage zu beantworten, ohne an einen rosa Elefanten zu denken, ist unmöglich.

Die Reaktion im Befragten ist bei Studien oft nicht erwünscht, weil sie das Ergebnis verfälschen kann. In unserem Fall ist die Reaktivität bei Befragungen der Mitarbeiter sogar sehr erwünscht und stellt einen potenten Nutzen dar.

Mit ihren Antworten nehmen die Mitarbeiter jedoch nicht nur an der Gestaltung der eigenen Arbeitsumwelt teil, sondern können positiven Einfluß auf die Arbeitswelt und Arbeitsabläufe aller Mitarbeiter des Unternehmens weltweit nehmen. Das generiert ein berechtigtes Zusammengehörigkeitsgefühl und das Mitarbeiter-Engagement steigt messbar.

Offene Fragen:
Qualitativ wertvoll, quantitativ fast wertlos

Wegen der problematischen Auswertung der Antworten auf offene Fragen, hat die Allianz die Zahl dieser niedrig gehalten. Es werden im 65 Fragen umfassenden Survey jedoch 2 sehr wichtige offene Fragen gestellt: „Welche Maßnahme hat im vergangen Jahr Ihrer Ansicht nach zu einer positiven Veränderung in Ihrem Unternehmen geführt?" sowie " Welches grundlegende Thema sollte Ihrer Meinung nach in den Maßnahmenplan Ihres Unternehmens für 2015 aufgenommen werden?"

Quantitative Fragen, Daten für Analyse

In einer Mitarbeiter-Befragung wollen Unternehmen aber auch andere Informationen sammeln, die der Optimierung der Geschäftsabläufe dienen oder die Beziehung zum Kunden verbessern sollen. Auch das ist für die Allianz Versicherung, mit dem ihrem Produkt – Versicherung – wichtiger als für viele andere Unternehmen. Deswegen ist es für die Allianz so außerordentlich wichtig, besonders gut darin zu sein.

Inzwischen werden die Ergebnisse des Surveys von den Mitarbeitern mit Spannung erwartet. Zum Prozess erläutert Angelika Härtl: „Wir veranstalten jedes Jahr im Februar einen Kick-off an dem ungefähr 20 Tochtergesellschaften teilnehmen, und wir setzen uns zusammen nach dem Motto `Was möchten wir in diesem Jahr erreichen und wie können wir das Engagement noch mehr steigern´."

Die Allianz konnte zwischen 2010 und 2014 den Employee Engagement Index um 6 % steigern. Für einen Konzern ist das ungewöhnlich viel. Nun gilt es, die gewonnenen Erkennnisse auch in die Tat umzusetzen. Ein Vehikel, das die Mitarbeiter sehr gut aufgenommen haben, um zu zeigen, wie sie das Survey nutzen, ist das Engagement Worklife Booklet, in dem aktuell 56 Initiativen von verschiedenen Allianz-Gesellschaften veröffentlicht sind. Das Booklet enthält Best Practice Examples, wie zum Beispiel: ´Wie haben wir das Thema Communication und Collaboration gelöst´. Es gibt Examples zu vielen Themen, die durch die Befragung abgedeckt werden.

Die lebensnahe Aktualität wird durch Erneuerung der Fragen gewährleistet. So wurden 2013 ca. 40 % des Fragebogens erneuert. Nächstes Mal soll dann 2016 eine Erneuerung stattfinden, jedoch vielleicht nur um 20 %.

Der nächste Schritt für die Allianz besteht darin, die Informationen aus den Umfragen zum Mitarbeiterengagement mit weiteren Personalkennzahlen und Daten aus anderen Geschäftsbereichen zu kombinieren und so den Einfluss des Mitarbeiterengagements auf die operativen Ergebnisse zu messen.

Die Bausteine

Da die meisten Unternehmen nicht ganz so stark von der Performance ihrer Mitarbeiter und der Bindung zum Kunden abhängen, weil das Produkt besser für sich sprechen kann, bieten die Leistungen der Allianz eine besonders gute Gelegenheit zu lernen:

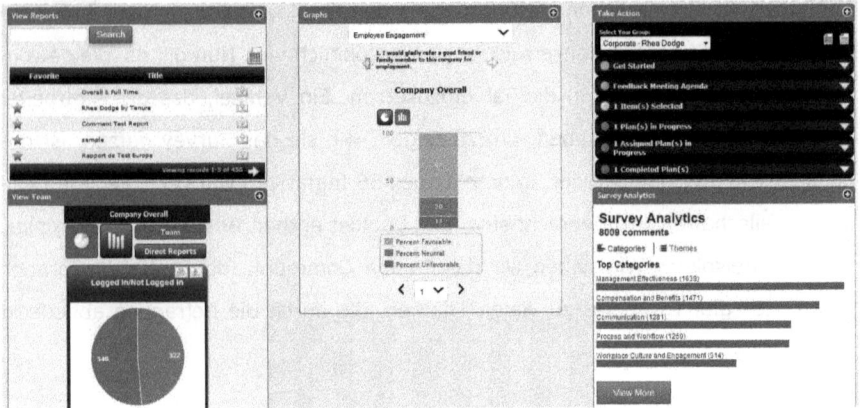

IBM Kenexa ViewPoint Module für die erfolgreiche Umsetzung des Folgeprozesses einer Engagement-Befragung Hinweis: http://www-03.ibm.com/software/businesscasestudies/us/en/corp?synkey=G245495Y51226Y23

- Best Practice der diversen Arbeitsplätze herausfinden und im Anschluss verbreiten.
- Nicht jeden Mitarbeiter motiviert das gleiche. Was motiviert die Mitarbeiter?
- Wer motiviert eigentlich die Mitarbeiter, wer sind die guten People-Leader? Daraus resultierten bei der Allianz Awards für gute Führungskräfte.
- Es werden regelmäßig neue Fragen aufgenommen, oder ausgetauscht. So wurde 2013 zum Beispiel die „Work Life & Health Management" Dimension eingeführt. Auch wichtig ist, dass viele Fragen gleich bleiben, damit Vergleichbarkeit möglich ist.
- Verknüpfung von Daten ist besonders wichtig. Zum Beispiel konnte so herausgefunden werden, wie die Einführung und Qualität der Umsetzung von Work Life Maßnahmen die Krankheitstage beeinflusst. Dort, wo Maßnahmen zu Work Life Management nicht oder mangelhaft umgesetzt worden waren, wurden 13 Krankheitstage pro Mitarbeiter und Jahr gezählt. Dort, wo Maßnahmen zu Work Life Management erfolgreich waren, sanken die Krankheitstage auf 1,3 pro Mitarbeiter und Jahr.
- Mit den Ergebnissen der Umfrage wird den Führungskräften auch Unterstützungsmaterial zur Verfügung gestellt, wie die Reports gelesen werden und was man mit den Erkenntnissen machen kann.

Die erste Mitarbeiter-Befragung

- Planen,
- Umsetzen,
- Analysieren,
- Ergebnisse zugänglich machen und
- Maßnahmen ableiten.

Eine erste Umfrage muss nicht perfekt sein. Wer behutsam, einfühlsam und in Absprache mit dem Betriebsrat vorgeht und einen Fragebogen aufsetzt, hat bereits etwas erreicht, selbst wenn Methodik und Aufbau nicht von Anfang an sonderlich gut sind.

Die Mitarbeiter werden sich mehr mit dem Unternehmen und ihrer Arbeit auseinandersetzen. Auch wenn es zunächst nur ein schwer messbarer Effekt sein sollte, lohnt es sich, auf diese Weise ein Unternehmen zu verbessern.

Die Bereitschaft etwas neues, z. B. „Best Practice" auszuprobieren, sollte die Geschäftsführung nicht nur bei ihren Mitarbeitern fördern, sie selbst muss auch bereit sein, neue Maßnahmen aus den Ergebnissen abzuleiten und auszuprobieren. Dann kann eine Mitarbeiterbefragung neben dem motivierenden „Sekundärnutzen" noch einen zweiten wertvollen „Primärnutzen" haben; evolve your business.

Wo Deutschland nach Jobs sucht

Aktuelle Nutzerumfrage Jobbörsen-Kompass wertet mehr als 15.000 Jobbörsen-Bewertungen aus und ermittelt beste Jobbörsen auf dem deutschen Arbeitsmarkt

Selten standen deutsche Arbeitgeber vor größeren Herausforderungen, was ihre Mitarbeitersuche betrifft: demografischer Wandel, Fachkräftemangel und zunehmend wählerische Kandidaten. Zu diesen schwierigen Rahmenbedingungen gesellt sich ein Dickicht an möglichen Rekrutierungskanälen, zu dem alleine mehr als 1.200 Online-Jobbörsen gehören – fast unmöglich hier den Überblick zu behalten. Licht in dieses Anbieter-Dunkel bringt die Nutzerumfrage Jobbörsen-Kompass, eine Initiative des HR-Fachportals Crosswater-Job-Guide.

Seit April 2016 wurden hierfür mehr als 15.000 detaillierte Bewertungen von Job-Suchern gesammelt und nun ausgewertet. Die Ergebnisse: Aus Kandidatensicht liegt StepStone gefolgt von XING und Indeed bei den Generalisten-Jobbörsen vorne. Staufenbiel führt das Ranking bei den Spezialisten-Anbietern vor ABSOLVENTA und UNICUM an. Bei den Jobsuchmaschinen ist Kimeta vor Jobrapido aus Sicht der Kandidaten die beste Anlaufstelle für eine erfolgreiche Jobsuche. Bester Newcomer der Recruiting-Szene ist indes die Spezialisten-Jobbörse foodjobs, die sich an den Arbeitsmarkt in der Lebensmittel-Branche richtet.

Spezialisten-Jobbörsen treffen den Nerv der Kandidaten

Der unverkennbare Trend in der Jobsuche geht indes stark zur Nutzung von Spezialisten-Portalen. Das ergibt der spezielle Blick auf die Zufriedenheitsskala der einzelnen Jobbörsen-Gattungen. Demzufolge erzielen die Spezialisten auf einer Skala von 7 (sehr gut) bis 1 (überhaupt nicht gut) einen Wert von 4,76 und damit die höchste Zufriedenheitsquote. Bei den Generalisten-Jobbörsen, zu denen Anbieter wie StepStone, Indeed oder Monster gehören, lag die durchschnittliche Zufriedenheit bei 4,37. Obwohl Jobsuchmaschinen eine deutlich höhere Anzahl an Jobs veröffentlichen folgen diese im Ranking nur auf Platz 3 mit einem Wert von 4,21. Vergleichsweise schwach in der Gunst der Kandidaten schnitten derweil Social Media Portale (3,78) ab.

Marktrelevanz durch Einbezug aller Wettbewerbskriterien

Die Ergebnisse des Jobbörsen-Kompass haben im Vergleich zu anderen gängigen Bewertungsportalen zwei entscheidende Vorteile: Sie besitzen eine extrem hohe Marktrelevanz, da die Nutzer aus allen auf dem Arbeitsmarkt aktiven 1.200 Jobbörsen auswählen können, bevor sie eine Bewertung durchführen. Zudem sind sie maximal transparent, da sie sowohl von Personalern als auch von Jobsuchern komplett auf www.jobboersen-kompass.de online einsehbar sind. „Ziel dieser Initiative ist es, eine für alle kostenfrei nutzbare Bewertungsplattform zu schaffen, die Personalern und Recruitern als Empfehlungsmarketing-Instrument dient, um den richtigen Weg zum passenden Mitarbeiter zu finden. Dabei geht es um die Klärung der zentralen Frage für eine erfolgreiche Mitarbeitersuche: Welche Jobbörse nutze ich für welches Berufsfeld", erklärt Gerhard Kenk, Initiator des Bewertungsportals.

Um eine statistisch valide Bewertung zu erreichen, haben die Macher des Jobbörsen-Kompasses ein einzigartiges Analyseschema entwickelt. In diesem werden sowohl die Bewertungen der Kandidaten, aufgegliedert in die Kategorien Zufriedenheit, Suchqualität und Weiterempfehlungsrate, als auch ihre relative Anzahl sowie die monatliche Reichweite der einzelnen Job-Portale berücksichtigt und gewichtet. „Um ein wirklich realistisches Bild der Kandidatengunst und damit eine echte Entscheidungsgrundlage für Personalabteilungen zu schaffen, war es uns wichtig, statistisch sauber zu arbeiten und jeden Anbieter unverfälscht so abzubilden, wie der Kandidat ihn einschätzt", erklärt Gerhard Kenk diese akribische Vorgehensweise, die in der Form ebenfalls von anderen Bewertungsportalen abweicht.

Die Umfrage-Ergebnisse des Jobbörsen-Kompass im Überblick:

Generalisten-Jobbörsen

Platz 1: StepStone

Platz 2: XING Stellenmarkt

Platz 3: Indeed

Spezialisten-Jobbörsen

Platz 1: Staufenbiel

Platz 2: ABSOLVENTA

Platz 3: UNICUM

Jobsuchmaschinen

Platz 1: Kimeta

Platz 2: Jobrapido

Platz 3: Jobbörse.de

Jobbörsen für das Berufsfeld Wirtschaftswissenschaften

Platz 1: StepStone

Platz 2: Staufenbiel

Platz 3: XING Stellenmarkt

Jobbörsen für das Berufsfeld IT

Platz 1: StepStone

Platz 2: Staufenbiel

Platz 3: XING Stellenmarkt

Jobbörsen für das Berufsfeld Ingenieure

Platz 1: StepStone

Platz 2: Staufenbiel

Platz 3: XING Stellenmarkt

Jobbörsen für das Berufsfeld Naturwissenschaften

Platz 1: Staufenbiel

Platz 2: StepStone

Platz 3: T5-KarrierePortal

Jobbörsen für Studenten, Absolventen und Young Professionals

Platz 1: Staufenbiel

Platz 2: UNICUM

Platz 3: ABSOLVENTA

Über den Jobbörsen-Kompass

Der Jobbörsen-Kompass ist ein Bewertungsportal für Online-Jobbörsen im Internet. Unter www.jobboerensen-kompass.de bringen die hier gesammelten Kandidaten- und Arbeitgeber-Bewertungen Licht in das Dunkel der richtigen Jobbörsen-Auswahl für Arbeitgeber und Jobsucher. Angelegt als Dauerumfrage ist es das erklärte Ziel des Portals für mehr Transparenz in einem manchmal schwer überschaubaren Markt zu sorgen. Betreiber und Initiator des Jobbörsen-Kompass ist Crosswater-Job-Guide, eines der meist gelesenen HR-Fachportale im Internet. Die Teilnahme an diesen Umfragen dauert jeweils nicht länger als drei bis fünf Minuten und ist unter www.jobboersen-kompass.de/arbeitgeber-umfrage beziehungsweise www.jobboersen-kompass.de/bewerber-umfrage erreichbar.

www.jobboersen-kompass.de/arbeitgeber-umfrage

www.jobboersen-kompass.de/bewerber-umfrage

Mitarbeiterverhalten im disruptiven Umfeld

von Melanie Vogel

Ganze 60,3% der Unternehmen durchlaufen momentan Veränderungs-prozesse. Die drei wichtigsten Gründe für die Veränderungsprozesse sind Kosteneinsparungen (Platz 1), Digitalisierung von Geschäftsprozessen (Platz 2) und zunehmender Wettbewerbsdruck (Platz 3). Knapp 40% der Unternehmen begleiten diese Veränderungsprozesse nicht durch Perso-nalentwicklungs-Maßnahmen.

Das sind Ergebnisse der diesjährigen Umfrage „HR Future-Trends 2016", durchge-führt von der Bonner AGENTUR ohne NAMEN.

Veränderungsprozesse sind notwendig – vor allem, wenn Unternehmen mit den ak-tuellen Entwicklungen mithalten wollen. Allerdings werden Veränderungsprozesse von der Belegschaft oft ambivalent betrachtet. Grund sind eine fehlende Vertrau-ens- und Fehlerkultur ebenso wie die Tatsache, dass Veränderungen durch exter-nen Druck und nicht dynamisch, von innen heraus, erfolgen.

Change Prozesse haben immer Auswirkungen auf die Belegschaft. Hierbei unter-scheiden wir vier Veränderungstypen, die Unternehmen im Blick haben sollten.

Ein Typus zählt zur Gruppe der Rebellen. Sie setzen sich in Veränderungsprozessen zur Wehr, sind offen unzufrieden und versuchen, Allianzen zu schmieden. Dienst nach Vorschrift ist in dieser Gruppe die beste aller Folgen.

Zur zweiten Gruppe gehören die Entmutigten. Ihr Widerstand richtet sich nicht nach außen, sondern nach innen auf die eigene Person. Sie leiden still, reagieren mit Angst oder Depressionen. Eine mögliche Folge sind häufige Krankheitsausfälle.

Zur dritten Kategorie gehören die Fahnenflüchtigen. Sie analysieren die Situation, sind unzufrieden, fühlen sich nicht wertgeschätzt und ziehen ihre eigenen Konsequenzen. Wenn sich der richtige Moment ergibt, kündigen sie oder sie wechseln die Abteilung.

Zur vierten Gruppe gehören die Stehaufmännchen. Bei ihnen handelt es sich um besonders resiliente Menschen, die auch starken und anhaltenden Stress meistern können. Sie haben starke innere Schutzmechanismen und können sich bedürfnisgerecht an neue Situationen anpassen. Sie verlieren nicht die Nerven und können durch ihre optimistische Grundhaltung eine positive Wirkung auf ihre Kolleginnen und Kollegen ausüben.

Stehaufmännchen sollten aus Unternehmenssicht eine sehr hohe Wertschätzung erfahren. Ihre Stärke ist hohe Flexibilität, mit veränderten Situationen umgehen zu können, ohne daran zu zerbrechen.

Diese Wertschätzung wird   in Wirklichkeit selten genug ausgesprochen. Werden Stehaufmännchen allerdings dauerhaft nicht wertgeschätzt, kann sich auch ihre Haltung ändern. Verlassen resiliente Menschen ein Unternehmen, gehen die wirklichen Leistungsträger.

Workshifting – ein wichtiges Konzept für Personaler

von Burgy Zapp von Schneider-Egestorf

Viele neue Arbeitswelt-Konzepte verlangen ein Umdenken vom Personaler, damit er in die Lage versetzt wird, die sich eröffnenden neuen Möglichkeiten im Recruiting und Talent Management möglichst zeitnah und vollständig zu erkennen und zu nutzen – so auch das Workshifting und Mobile Enterprise.

I. Die Strategie

Citrix definiert Workshifting als ein Konzept für mobiles Arbeiten, bei dem alle Aufgaben am richtigen Ort, von den richtigen Mitarbeitern zur rechten Zeit erbracht werden – im Extremfall auch im Zug, am Flughafen, im Wartezimmer des Arztes und nicht nur in einem der Unternehmensbüros und im Home Office. Das kann in unterschiedlicher Weise erfolgen und vielfältige Vorteile für Unternehmen mit sich bringen. So können Geschäftsprozesse oder ganze Abteilungen auf neue Standorte verlagert werden, um im Sinne von Produktivität und Kundenservice auf ein breiteres Angebot an eigenen Mitarbeitern, externen Dienstleistern sowie Anbietern von Outsourcing oder Offshoring zugreifen zu können.

Fusionen, Übernahmen und Filialerweiterungen können schneller und reibungsloser abgeschlossen werden und so das wirtschaftliche Wachstum unterstützen. Bei Störfällen können Prozesse zur Aufrechterhaltung des Geschäftsbetriebs jederzeit auf einen anderen Standort oder gar für jeden einzelnen Mitarbeiter an einen bestimmten Ort verlagert werden. Ebenso ist es möglich, Daten und Anwendungen zu zentralisieren und von Endgeräten gänzlich unabhängig zu machen, um die Sicherheit und Administrierbarkeit zu optimieren.

Teleworking und Desk-Sharing können Anlagen- und Immobilienkosten reduzieren. Ein flexibleres Beschäftigungskonzept unterstützt Unternehmen dabei, qualifizierte Mitarbeiter leichter zu rekrutieren und zu binden, die Arbeitszufriedenheit zu erhöhen und Fluktuationskosten zu vermeiden.

Damit Mitarbeiter möglichst effektiv arbeiten können, gilt es, ihnen den entsprechenden Freiraum bei der Wahl ihres Arbeitsplatzes, der Arbeitszeit und der Arbeitsumgebung einzuräumen. Diese Vorteile bilden, so Citrix, den Kern des Work-shifting-Konzepts – und sie verändern die Art und Weise, wie Unternehmen heute arbeiten. Bei dem Anbieter Citrix basiert sein Workshifting Modell auf Virtual Computing.

Zehn Gründe für die Einführung von Workshifting, definiert von Citrix

1. Wachstum vorantreiben

Die Möglichkeit, neue Standorte oder Niederlassungen schnell und effizient einrichten oder bestehende Büroräume erweitern zu können, kann entscheidende Wettbewerbsvorteile mit sich bringen.

2. Schnellere Wertschöpfung bei Fusionen und Übernahmen

Eine Fusion oder Übernahme markiert zunächst stets den Beginn eines langen und komplexen Integrationsprozesses von neuen Standorten und Mitarbeitern.

3. Höhere Mitarbeiterbindung durch verbesserte Work-Life-Balance

Das Arbeits-, Berufs- und Familienleben richtet sich selten nach klar festgelegten Zeitfenstern. So kommt es vor, dass man zu Hause auf den Elektriker wartet, mit seinem Kind beim Arzt im Wartezimmer sitzt oder aufgrund widriger Umstände am Urlaubsort festhängt.

4. Die besten Mitarbeiter rekrutieren, egal wo sie sind

Im Rennen um qualifizierte Mitarbeiter stehen Unternehmen in einem harten Wettbewerb miteinander – besonders in konjunkturell starken Phasen. Wenn Arbeit vollkommen mobil und ortsunabhängig wird, hängt die Einstellung eines Bewerbers, Beraters oder externen Dienstleisters nicht länger vom Wohnsitz oder der Bereitschaft umzuziehen ab.

5. Grenzenlose Zusammenarbeit ohne Reisezeiten und -kosten

Geografisch verteilte Teams spielen in vielen Organisationen eine wichtige Rolle, egal ob es sich dabei um Mitarbeiter und Führungskräfte an unterschiedlichen Standorten, Kunden in deren Niederlassungen, Partnern aus unterschiedlichen Unternehmen oder um eine dynamische Mischung aus allem handelt.

6. Geringere Raum- und Betriebskosten

Immobilienkosten machen in den meisten wenn nicht in allen Unternehmen den zweitgrößten Budgetposten aus. Workshifting bietet hier signifikante Einsparmöglichkeiten, da Mitarbeiter im und außerhalb des Büros gleichermaßen produktiv sein können. Auf diese Weise werden vielfältige Arbeitsplatzkonzepte ermöglicht, die in puncto Flexibilität mehr bieten als herkömmliche Telearbeitmodelle.

7. Mitarbeiter am richtigen Ort beschäftigen

Die Möglichkeit, den Personaleinsatz und Prozesse flexibler zu gestalten, kann entscheidende Wettbewerbsvorteile mit sich bringen. Arbeitsspitzen können durch Aufteilung der Tätigkeit auf zusätzliche Mitarbeiter an unterschiedlichen Standorten effizient abgefangen werden, egal ob diese in einem anderen Stockwerk arbeiten, über das Land verteilt oder ausgelagert sind.

8. Qualität und Schnelligkeit im Kundenservice verbessern

Mit Workshifting können sich Unternehmen optimal und ohne Einschränkungen auf die Anforderungen ihrer Kunden einstellen. Ein Mitarbeiter kann vor Ort bei einem wichtigen Kunden eingesetzt werden, um einen größeren Aufgabenbereich abzudecken oder schneller und präziser auf Anfragen reagieren zu können. Vertriebsmitarbeiter haben die Möglichkeit, Aufträge direkt auf dem Messestand zu bearbeiten und damit die Vertragserfüllung zu beschleunigen und den Umsatz zu erhöhen. Ärzte können direkt am Patientenbett auf Ressourcen im Gesundheitswesen zurückgreifen, um schneller zu fachlich fundierten Entscheidungen zu kommen.

9. Kontrolle über Unternehmensdaten

Da die Komplexität bei Benutzerumgebungen mit wachsender Vielfalt an Endgeräten, Zugriffsmethoden und Benutzerarten (Angestellte, Partner, Kunden, Berater, externe Dienstleister, Offshoring- und Outsourcing-Mitarbeitern) immer größer wird, haben Bedenken hinsichtlich Sicherheit oberste Priorität.

Häufig ist diese zunehmende Komplexität auf den wachsenden Bedarf an Flexibilität, Produktivität und Effizienz im Unternehmen zurückzuführen.

10. Reibungsloser und unterbrechungsfreier Geschäftsbetrieb

Ein unterbrechungsfreier Geschäftsbetrieb hängt unter anderem davon ab, inwieweit Mitarbeiter einen permanenten Zugriff auf Daten und Applikationen haben, die für ihre Produktivität maßgeblich sind. Die gleiche virtualisierte Infrastruktur, die Workshifting möglich macht, schafft auch eine sehr effektive Grundlage zur Aufrechterhaltung des Geschäftsbetriebs bei geplanten und ungeplanten Ausfällen.

II. Die Bausteine

Basieren kann solch ein Modell zum Beispiel auf einer Cloud Lösung – Hybrid, eventuell sogar Public oder eine Private Cloud, zum Beispiel mit SoftLayer – kombiniert mit einer Lösung wie IBM SmartCloud Engineering Desktop. Ferner sind mobile Technologien erforderlich.

IBM bezeichnet mobile Technologien als maßgebliche Treiber der digitalen Transformation, die neue Chancen der Interaktion bieten. Der Fokus muss beim Thema Mobile, dies unterstreicht auch IBM, auf der Bereitstellung von sicheren mobilen Infrastrukturen, dem Schutz von Transaktionen und einer agilen Vorgehensweise zur App-Entwicklung sowie deren Distribution liegen. Gartner hat 2016 Air Watch als führend im Enterprise Mobility Management Quadranten ausgewiesen – siehe Link zum Report.

IBM verfolgt mit dem IBM MobileFirst Portfolio ein ganzheitliches Konzept, das alle Aspekte des Mobile Enterprise adressiert und nennt die nachfolgend aufgeführten Nutzen.

Mobile Unternehmen sind in der Lage...

- ...neue Kunden zu gewinnen, die Wertschöpfungskette zu transformieren und die Produktivität anhand von neuen Geschäftsmodellen und Einsichten zu steigern, die Unternehmen nur aufgrund von mobilen Interaktionen gewinnen können. Die Nachfrage nach Apps zieht in diesem Jahr erneut kräftig an: 2015 wurden in Deutschland rund 1,3 Milliarden Euro mit mobilen Anwendungen für Smartphones oder Tablets umgesetzt. Laut des IT-Research- und Beratungsunternehmens Gartner werden im Jahr 2016 rund 374 Millionen Smartphones in den reifen Märkten verkauft werden.

- ...mit den IBM Servicelösungen ihre **Mobile Strategie** zu entwickeln, ihre Interaktionen mit Kunden neu zu durchdenken, Mobiltechnologien nahtlos in den herkömmlichen Arbeitsplatz zu integrieren und diese mobile Umgebung auf sichere Weise zu steuern.

- ...von den mehr als 100 MobileFirst Apps für iOS und der Partnerschaft zwischen IBM und Apple zu profitieren. Diese Apps sind auf die wesentlichen Herausforderungen und Prioritäten von Unternehmenssparten wie Banken, Einzelhandel, Versicherungen, Healthcare und Finanzdienstleistungen, Telekommunikation sowie Behörden, Finanzdienstleitungen und Fluggesellschaften abgestimmt. Über iOS-Geräte lassen sie sich leicht einsetzten, verwalten und upgraden und folgen den höchsten Sicherheits-Standards für Daten, Apps und Devices. Bereits mehr als 50 Gründungsunternehmen wie Air Canada, RWE, BSH oder American Eagle Outfitters setzen auf die mobilen „Made-for-Business"-Anwendungen.

http://www.ibm.com/mobilefirst/us/en/mobilefirst-for-ios/

• ...HTML5-basierte, hybride und native mobile Anwendungen mit der IBM MobileFirst Platform zu entwickeln, zu implementieren und diese sicher in bestehende IT-Infrastrukturen zu integrieren und zu managen. Denn laut dem IT Research- und Beratungsunternehmen Gartner werden bereits im Jahr 2016 40 Prozent aller Arbeitnehmer weltweit mobile Lösungen verwenden – laut IDC wird der Mobile-Markt in 2016 auf 30 Milliarden Dollar anwachsen.

http://www-03.ibm.com/software/products/de/mobilefirstplatform

Alle anderen großen Anbieter, wie HP und Microsoft bieten ebenfalls Enterprise Mobility und Workplace Lösungen an – dies ist eine außerordentlich wichtige Arbeitsplatz-Entwicklung, die bereits das Hype-Stadium hinter sich gelassen hat und auch in kleineren Organisationen und Unternehmen in naher Zukunft die bisherigen Denkweisen gründlich verändern wird.

Um hier kostspieligen Fehlentwicklungen, wie zum Beispiel einer Anschaffung nicht kompatibler Geräte oder unpassender Software-Lösungen, vorzubeugen werden auch kleinere Organisationen einen Chief Digital Officer oder eine ähnliche dedizierte Position, ob in der IT oder in der Geschäftsleitung, einrichten müssen. Ein so wichtiger Prozess, der viele Faktoren und mehrere Abteilungen einbinden muss, um gute Ergebnisse zu erzielen, muss sorgfältig von einer verantwortlichen Person gemanagt werden.

Bevor etwas gekauft wird, muss die jeweilige Fachabteilung einen Anforderungskatalog (Arbeitsplatzbeschreibung, wozu soll das Gerät/die Software-Anwendung(en) genutzt werden, welche Daten sollen darauf verarbeitet werden, wohin gehen die Daten anschließend und wie werden sie weiterverarbeitet, etc.) erstellen, diesen mit der IT-Abteilung und dem CDO abstimmen und dann noch mit der Geschäftsleitung hinsichtlich der zu erreichenden geschäftlichen Ziele und des adäquaten Budgets korrigierend abstimmen.

Big Data – Mehr als nur ein großer Datenhaufen

von Marc Bastien und Dr. Wolfgang Rother

Big Data, ein Paradigmenwechsel

Ist „Big Data" nur ein großer Haufen Daten? Nicht ganz! „Groß" ist relativ und trifft den Kern von Big Data nicht, denn der besteht in Paradigmenwechseln im Bereich Business Analytics.

IBM charakterisiert „Big Data" anhand der „4 V's": Volume, Variety, Velocity und Veracity (zu Deutsch: Menge, Vielfalt, Schnelligkeit und Glaubhaftigkeit). Transaktionale Daten sind meist strukturiert – genau wie in der Regel auch jene Daten, die von Sensoren oder Maschinen generiert werden. Sie unterscheiden sich aber häufig in der Geschwindigkeit ihrer Erzeugung und auch danach, wie sie in traditionellen Datenbanken verarbeitet werden können. Auch Social- Media-Daten werden im Zusammenhang mit Big Data häufig erwähnt, deren Menge durch viele Nutzer schnell anwächst. Sie bestehen meist nur aus Fließtext und ihr Wahrheitsgehalt lässt sich nur schlecht überprüfen.

Die eigentlichen Paradigmenwechsel bestehen zum Beispiel darin,

– dass Daten aus unterschiedlichen Quellen in Analysen einbezogen werden und nicht nur die Teilmengen, die sich in Tabellen speichern lassen

– dass Daten nicht erst vor der Analyse transformiert werden, sondern aus den Originaldaten Informationen gewonnen werden

– dass Beziehungen aus allen Daten abgeleitet werden, ohne vorher Hypothesen
  aufzustellen, die anschließend überprüft werden

– dass Datenströme analysiert werden, ohne sie vorher in einem Data Warehouse
  zu speichern.

Was aber bedeutet das?

Nehmen wir wieder das „Allerweltsbeispiel", die Auswertung von Social-Media-Daten. Gehen wir auch davon aus, dass diese Daten wirklich von Menschen und nicht
von Computern erzeugt werden. Erinnern wir uns an den biblischen „Turmbau von
Babel" und dessen Folge, die Vielfalt der Sprachen. Auch Sprachregeln wie Recht-
schreibung und Grammatik dürfen wir nicht außer Acht lassen. Nehmen wir noch
Slang, Dialekt, Humor und so weiter hinzu, so ist klar, dass die Auswertung solcher
Daten ziemlich komplex werden kann.

Die Rolle von Apache Hadoop

Eine Software, die bei Big-Data-Problemen immer wieder Erwähnung findet, ist
Hadoop, die Abkürzung für Apache Hadoop. Es handelt sich dabei um eine Open-
Source-Software, die nach dem klassischen „Teile und Herrsche"-Prinzip agiert:
Man nehme eine Vielzahl von Rechnerknoten, verteile darauf seine Daten, lasse
jeden Knoten einen Algorithmus auf der „lokal" gespeicherten Datenmenge ausfüh-
ren und fasse anschließend die einzelnen Teilresultate zu einem Gesamtergebnis

zusammen. Klingt einfach? Ist es aber nicht!

Das fängt bereits mit der Verteilung der Daten an. Nehmen wir als Beispiel ein Buch und Computer als „Leser". Auf jedem System wird eine Seite gespeichert, die anschließend „lokal" analysiert – zum Beispiel zählt, wie oft ein Begriff wie „Big Data", vorkommt. Eine Unschärfe der Zählung entsteht beim Seitenwechsel. Wenn am Ende einer Seite „Big" steht, dann bedeutet das noch lange nicht, dass die nächste Seite mit „Data" beginnt. Es könnte z.B. eben auch „Apple" oder „Boss" sein.

Die Autoren des Buches: Dr. Wolfgang Rother

Dr. Wolfgang Rother arbeitet als Senior IT Specialist Power Systems bei IBM, sein Spezialgebiet ist IBM i. Zu dieser Thematik hat er bereits zahlreiche Fachbeiträge veröffentlicht. Zudem engagiert sich Dr. Rother mit der IBM Academic Initiative dafür, IT-Fachkräftenachwuchs für den Bereich Power Systems zu gewinnen. Dieses Ziel unterstützt er unter anderem mit seiner Tätigkeit als Dozent an verschiedenen Universitäten und Hochschulen.

Die Autoren des Buches: Marc Bastien

Marc Bastien arbeitet seit 1993 im Umfeld Data Warehouse und Business Intelligence sowie als Berater für relationale und multidimensionale Datenbanken.

Seit zwei Jahren beschäftigt sich Marc Bastien in seiner Eigenschaft als Analytics Architect bei IBM zusätzlich mit den neuen Technologien rund um Big Data & Analytics und wie Unternehmen diese einsetzen können, um einen Mehrwert zu schaffen. Auf Fachveranstaltungen hat er verschiedene Vorträge rund um diese Thematik gehalten.

Dass solche Analysen sinnvoll und möglich sind, hat zum Beispiel IBM Watson bewiesen. Doch auch Watson lag manchmal mit seinen Antworten daneben und hat sich sozusagen „geirrt". Auch das ist ein Paradigmenwechsel: Nicht immer wird es gelingen, den vollen Informationsgehalt aus den vorhandenen Daten extrahieren zu können. Wenn man allerdings durch solche Analysen Aussagen treffen kann, die mit 95-prozentiger Wahrscheinlichkeit richtig sind, ist dies viel besser als Raten oder ein „Bauchgefühl".

Eine andere Herausforderung betrifft den Algorithmus, der für die Analyse verwendet wird. Um angesichts der „großen" Datenmenge Parallelverarbeitung zu unterstützen, verwendet Hadoop das sogenannte MapReduce Verfahren. In einem ersten Verarbeitungsschritt wird von jedem Knoten die „Map"-Prozedur auf die „lokalen" Daten angewandt und in einem weiteren Schritt das Ergebnis mittels einer „Reduce"-Prozedur zusammengefasst.

Ein Standardbeispiel zur Veranschaulichung ist „Word- Count". Dafür geeignete „Map"- und „Reduce"- (Java)- Prozeduren sind im oben abgebildeten Bild dargestellt.2

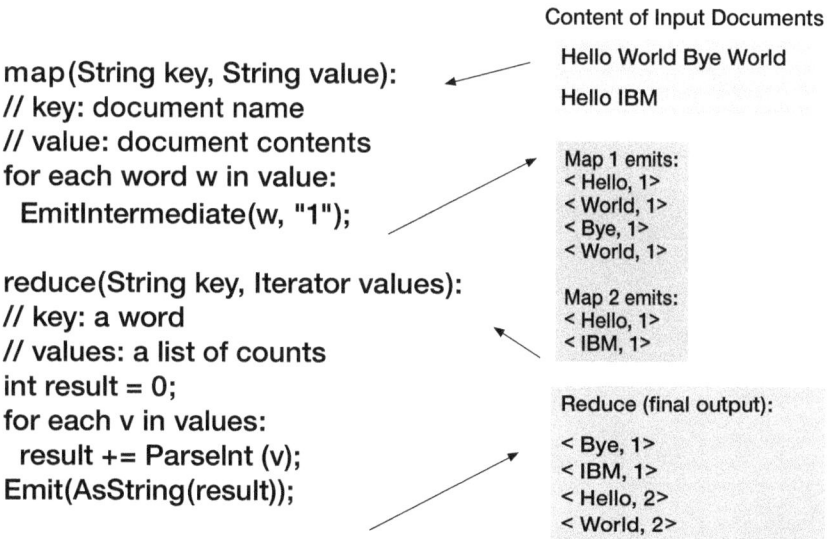

```
map(String key, String value):
// key: document name
// value: document contents
for each word w in value:
   EmitIntermediate(w, "1");


reduce(String key, Iterator values):
// key: a word
// values: a list of counts
int result = 0;
for each v in values:
   result += ParseInt (v);
Emit(AsString(result));
```

Content of Input Documents

Hello World Bye World

Hello IBM

Map 1 emits:
< Hello, 1>
< World, 1>
< Bye, 1>
< World, 1>

Map 2 emits:
< Hello, 1>
< IBM, 1>

Reduce (final output):

< Bye, 1>
< IBM, 1>
< Hello, 2>
< World, 2>

Hadoop stellt nur das Framework bereit. Die beiden Prozeduren müssen für jedes Problem individuell geschrieben werden. Was aber, wenn kein Programmierskill im Unternehmen oder in der Abteilung vorhanden ist? Für einige Probleme gibt es bereits Vereinfachungen. Zum Beispiel besitzt das auf Hadoop basierende Produkt IBM InfoSphere Big Insights Features wie BigSheets, Big SQL, Big R und andere, die helfen Programmierung zu vermeiden.3

Big Data ist nicht gleichzusetzen mit Hadoop. So macht es bei einer Echtzeitanalyse wenig Sinn, Sensordaten erstmal zu sammeln beziehungsweise zu speichern und danach auszuwerten. Man spricht dann von „Data in Motion" im Gegensatz zu „Data at Rest", die mit Hadoop analysiert werden können.

Apache Spark4, eine neueres Open Source Framework für Big Data Analysen, kann als Ergänzung zu Hadoop angesehen werden, für manche Problemstellung sogar als Alternative. Spark versucht Limitierungen von Hadoop zu überwinden, den Programmieraufwand zu verringern und gleichzeitig die Performance durch den Einsatz von In-Memory-Technologie zu verbessern.

Big Data in der Praxis

Lohnt es sich überhaupt, in Big-Data-Projekte zu investieren? Ja, wenn ich ein konkretes Problem habe, das durch Auswertung von Daten gelöst werden kann, und die Lösung einen Return on Invest ermöglicht. Nachfolgend sind einige Anwendungsfälle aufgelistet. (Abbildung unten)

Die Wahl des richtigen Werkzeugs

Für unterschiedliche Anforderungen und Problemstellungen im Bereich Business Analytics, wie Business Intelligence, Enterprise Performance Management, Präskriptive Analyse, Predictive Analytics und Risk Analytics hat IBM ein breites Portfolio im Angebot.5

Bespiele für IBM Software für Analytics sind:

– IBM Cognos Business Intelligence
– IBM SPSS Statistics
– IBM SPSS Modeler
– IBM Social Media Analytics
– IBM Analytical Decision Management
– IBM Digital Analytics
– IBM InfoSphere Big Insights
– IBM InfoSphere Streams

Alle Produkte können einzeln oder auch in Kombination benutzt werden.

Bevor man also ein Big-Data- oder Business-Analytics- Projekt startet, lohnt es sich im Vorfeld ein für das Problem geeignetes „Werkzeug" beziehungsweise eine Lösungsarchitektur zu wählen. Ein einzelnes Werkzeug wird vermutlich nicht alle Anforderungen abdecken, die ein konkretes Problem mit sich bringt. Mit dem Kauf einer Big-Data Infrastruktur wie einem Hadoop-Cluster, besitzt man lediglich eine Runtime-Umgebung, vergleichbar mit einen Computer inklusive Betriebssystem und Middleware.

Industry	Use cases
Telecommunications	Call data record processing, social analysis, churn prediction, geomappin
Transportation	Intelligent traffic management, automotive telematics
Energy and utilities	Smart grid monitoring
Industry	Use cases

| Industry | Use cases |

Industry	Use cases
Health and life sciences	ICU monitoring, remote healthcare monitoring
Law enforcement, defense and cybersecurity	Real-time surveillance, situational awareness, cybersecurity detection
Finance	Market data analysis, customer service
Fraud prevention	Multiparty fraud, real-time fraud detection
Manufacturing	Predictive maintenance
Insurance	Telematics, fraud detection, cargo protection, call center optimization

© IBM Corporation 2015

Empfehlungen für den Einstieg in Big Data

Wie sollte ein Unternehmen mit der Untersuchung von Big Data Problemen beginnen? Bewährt haben sich in diesem Zusammenhang Workshops mit Anbietern, wie zum Beispiel IBM, oder externen Beratern, die einen Überblick über potentielle Problemstellungen, die „Use-Cases", mitbringen, beziehungsweise schon konkreten

Anforderungen die passenden Komponenten zuordnen können. Nicht bewährt hat sich die Herangehensweise, die leider in der ersten Hype-Phase von Big Data verbreitet war: Investieren, probieren und schauen, ob etwas Sinnvolles rauskommt.

Business Intelligence
Zukunftsweisende Business-Intelligence-Lösungen implementieren Berichte, Dashboards und Scorecard-Funktionen im gesamten Unternehmen mit vergangenheitsorientierten, aktuellen und vorausschauenden Ansichten.

Voruasschauende Analyse
Statistik-, Modellier- und Datenerfassungslösungen kombinieren Daten, um ein vollständiges, genaueres Bild der Kunden, Prozesse, Sicherheitsbedrohungen, Betrugsversuche etc. zu zeichnen.

Management der Unternehmensleistung
Lösungen, die Finanzen, Vertrieb und Betrieb umspannen, verändern die Interaktionssysteme und stellen Szenarien sowie Vorhersageinformationen für Finanzleistungsinitiativen bereit.

Risikoanalyse
Verlässliche Informationen, die reich an Kontext sind, ermöglichen eine vernetzte Risikoansicht, um Geschäftsentscheidungen zu ermöglichen, die zu größtmöglicher Wertschöpfung für das Unternehmen führen.

Präskriptive Analyse
Eine leistungsfähige Grundlage für die Entscheidungsfindung, die die vorausschauende Analyse einen Schritt weiterführt, um Sie bei der Entscheidung über die nächste Maßnahme zu unterstützen.

Auch für Big-Data-Projekte gilt: „There is no free Lunch!". Sprich: Auch mit den neuen Technologien rund um Big Data (Hadoop und andere Open-Source- Software) müssen Aufwände zielgerecht wieder erwirtschaftet werden ehe ein Mehrwert für das Unternehmen erbracht werden kann.

Ebenso sollte man von der Vorstellung abrücken, dass es allein durch die Einführung von Big-Data- Technologie zu einer sofortigen Verbesserung eines Geschäftsprozesses kommen wird. Teilweise kann sogar die gleiche Verbesserung mit „klassischer" Technologie umgesetzt werden, wenn deren Funktionalitäten komplett ausgenutzt werden. In der Datenhaltung wird beispielsweise Hadoop nicht zwangsläufig alle relationalen Datenbanken kurz- oder mittelfristig ablösen.

Für die Lösungsarchitekturen gilt außerdem, dass oft in Big-Data-Projekten eine Kombination aus bekannter und neuer Technologie eingesetzt wird. Im sogenannten „Data Lake" (der Begriff „Data Reservoir" wird ebenfalls benutzt) werden mehrere Technologien möglichst effizient miteinander kombiniert. So werden Daten beispielsweise in Hadoop gehalten, um sie zunächst unabhängig von ihrem Format, ihrer Größe und Struktur aufzunehmen und daraus dann Extrakte in eine relationale Form zu bringen. Von diesen Extrakten kann es viele mit unterschiedlichen Strukturen je nach Zweck geben – manche mit vordefinierter Geschäftslogik zum Aufbau einer Reporting-Lösung, andere eher für den Zugriff auf Werkzeuge für vorausschauende Analysen (Predictive Analytics, Data Mining).

Allen Datenhaltungen, gleich welcher Technologie, bleibt gemein, dass unabdingbar die Nachvollziehbarkeit und Dokumentation sichergestellt sein muss. Die „Data Governance" in einem Data Lake sorgt dafür, dass Daten aus unterschiedlichen Quellen auch unterschiedlich bewertet werden können. Aussagen aus Social-Media-Daten müssen in einer Auswertung doch komplett anders beachtet werden als geprüfte, interne Vertriebsdaten. Ebenso wird damit dokumentiert, wann, woher und wie genau die Informationen aus den unterschiedlichen Daten gewonnen wurden. Es liegt auf der Hand, dass diese Meta-Informationen teilweise technischer Natur, oft aber auch fachlicher Natur sind, und es nicht nur Technikern obliegt, diese zu pflegen. Auch Fachbereiche müssen eng mit eingebunden werden: sei es bei der Erfassung, aber erst recht bei der Beurteilung der Nutzbarkeit.

In folgendem Bild wird eine Zonen-Architektur für Big Data skizziert, die sämtliche Anforderungen abdecken kann. Dabei ist zu beachten, dass je nach Anwendungsfall einige Komponenten auch wegfallen oder erst später eingesetzt werden können: Deutlich zu erkennen ist die zentrale „Exploration, Landing und Archive"-Zone, in der theoretisch alle Daten eines Unternehmens zu Auswertungszwecken Platz finden. Es schließen sich weitere Zonen an, die aus dem traditionellem Data-Warehouse-Ansatz lange bekannt sind und immer noch ihre Berechtigung haben, wie Data Marts und Enterprise Data Warehouses, ansonsten eher neue Technologien wie analytische „Appliances", wie IBM PureData6. Letztere stellen eine Kombination aus Hardware und Software dar und können als optimierte Systeme für Data Warehouses betrachtet werden.

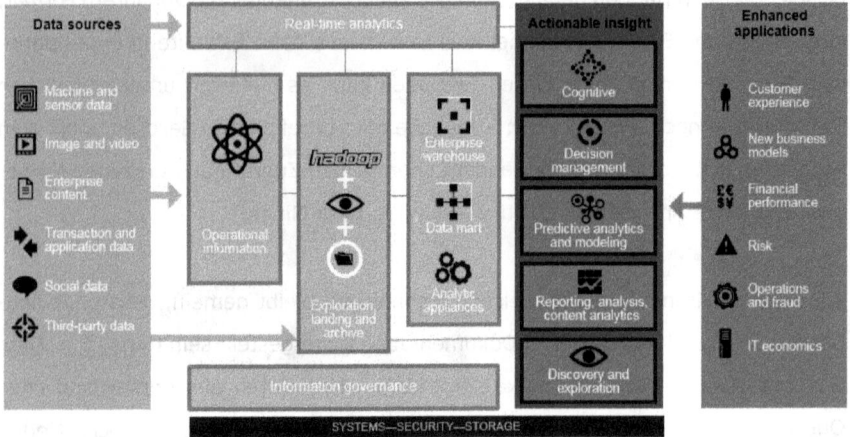

Ganz rechts finden sich die verschiedenen Aufgabenstellungen für Analysen: Klassisches Reporting und Ad-Hoc-Analyse (Rückwärtsbetrachtung der Daten), die sogenannten „Advanced", also erweiterten Analysen (Statistik und Data Mining für die Vorausschau, tiefere Analyse und Entscheidungsunterstützung) und eher neuere Technologie für die Durchsuchung von Daten (Exploration). Diese kommt vor allem in Big Data Projekten zum Einsatz, wenn der genaue Inhalt der Daten noch gar nicht erforscht ist und mit speziellen Werkzeugen zunächst nach Mustern oder Auffälligkeiten durchsucht werden muss.

Einen völlig neuen Aspekt bringt derzeit IBM in die Big Data Analysen mit dem sogenannten „Cognitive Computing" ein. Verschiedene automatisierte Funktionalitäten unterstützen bei der Analyse und Beurteilung von Daten: Spezielle, sehr fortgeschrittene Algorithmen durchsuchen Daten nach Mustern und Erkenntnissen. Diese Art der Algorithmen ahmt menschliches Denken nach und erkennt Zusammenhänge in sehr großen Datenmengen, wozu Menschen in realistisch zur Verfügung stehender Zeit nicht in der Lage sind. Außerdem interagieren diese Funktionalitäten mit den Entwicklern und Endnutzern nicht mehr ausschließlich über die bekannten Oberflächen. Sie erlauben die Weiterentwicklung statt mit Programmierung durch Lernen und die Benutzerinteraktion mittels natürlicher Sprache. Der Nutzer tippt eine Frage ein, die das System interpretiert und die beste passende Antwort aus dem vorher gelernten Wissen liefert.

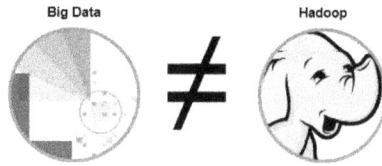

Big Data   Hadoop

„Es wird häufig davon ausgegangen, dass man
sich nur Hadoop zu kaufen braucht, wenn man
Big Data Technologie nutzen will. Die Leute
sollen jedoch bloß nicht auf die Idee kommen,
ihre relationalen Datenbanken duch Hadoop
zu ersetzen...

Wenn man das Thema Big Data aus geschäft-
licher Perspektive betrachtet, wird schnell klar,
dass Hadoop keineswegs immer das beste Tool
für alle Anforderungen und Aufgaben ist - und es
kann sehr schmerzhaft werden, ein falsches Tool
einzusetzen."

Ken Rudin
Head of Analytics at Facebook

Mit diesen neuen Technologien lässt sich Bestehendes verbessern und manchmal erschließen sich sogar völlig neue Geschäftsmöglichkeiten. Egal, welche Ziele man verfolgt und welche Kombination aus Technologien am Ende zum Einsatz kommt, immer muss der Mehrwert für das Unternehmen im Vordergrund stehen, damit es eine realistische Chance auf Einführung gibt.

Was zählt, sind Antworten

von Wolfgang M. Roser

Was nützt uns die größte Bibliothek, wenn wir nicht wissen, was in den einzelnen Büchern steht? Wer fleißig sammelt und seine Bibliothek laufend mit neuen Büchern erweitert, kann sich zwar an einer umfassenden Sammlung erfreuen, wesentliche Erkenntnisse oder Zusammenhänge bleiben jedoch verborgen.

Für den Erfolg und das wirtschaftliche Wachsen und Gedeihen eines Unternehmens sind jedoch genau diese Erkenntnisse und Zusammenhänge von entscheidender Bedeutung.

Fundierte, aussagekräftige Antworten müssen tagtäglich aus riesigen Datenbergen und unterschiedlichen Datenquellen gezogen werden, damit man die für den Unternehmenserfolg ausschlaggebenden und richtigen Entscheidungen treffen kann. Wer Entwicklungen und Prozesse in seinem Unternehmen stets im Blickfeld hat, kann entscheidende Wettbewerbsvorteile für die Zukunft schaffen. Zusätzlich dürfen unternehmenskritische Entwicklungen, die in die falsche Richtung gehen, nicht übersehen werden – wenn man sie rechtzeitig erkennt, bleibt noch Zeit für korrigierende Maßnahmen.

Business Intelligence ist in aller Munde und gilt als das Heilmittel für wirtschaftliches Wachstum und Erfolg. Doch wie sollen Unternehmen vorgehen, wenn Sie den Schatz heben wollen, der in den angesammelten Datenbergen vor sich hin schlummert? Eine ganzheitliche Sicht von außen sowie eine strategische Ausrichtung sind nötig, damit keine Insellösungen in den einzelnen Abteilungen entstehen und die linke Hand nicht weiß, was die rechte tut.

Ein erfahrener und verlässlicher Experte ist für diese Herausforderungen unent-
behrlich. Der Faktor Mensch spielt bei BI-Projekten eine tragende Rolle und darf
keinesfalls unterschätzt werden. Viele BI-Projekte verlaufen oftmals nicht ganz so
glücklich, weil der menschlichen Komponente keine oder zu wenig Aufmerksamkeit
geschenkt wird. Wenn eine unternehmensweite BI-Strategie eingeführt wird, sind
viele Menschen aus unterschiedlichen Abteilungen involviert – mit allen persönlichen Befindlichkeiten und individuellen Bedürfnissen.

Ist die nötige Kooperationsbereitschaft vorhanden und haben alle Beteiligten ein ebenso reges Interesse an mehr Transparenz im Unternehmen, wie
die Entscheidungsträger an der Spitze? Was in solchen Situationen zählt,
sind Projektleiter mit Fingerspitzengefühl und einer hohen sozialen Kompetenz, um ein konstruktives Arbeitsklima zu schaffen und alle Informationen
zu bekommen, die für die erfolgreiche Umsetzung des BI-Projekts nötig sind.

Der BI-Experte muss innerbetriebliche Abläufe kennenlernen und eng mit den einzelnen Abteilungen zusammenarbeiten, denn nur so kann BI an die Bedürfnisse
eines Unternehmens angepasst werden. Die Position eines „Außenstehenden" kann
hierbei ein klarer Vorteil sein.

Neben fachlicher und sozialer Kompetenz des BIAnbieters ist natürlich auch das
„Werkzeug" mit dem er arbeitet von entscheidender Bedeutung, damit Erkenntnisse und Transparenz geschaffen werden können. Einfachheit für die Benutzer
einer Anwendung erachte ich stets als sehr wichtig. Besonders dann, wenn es um
die Einführung neuer Werkzeuge geht, mit denen Menschen täglich arbeiten. Die
Bedienung muss einfach, intuitiv und rasch erlernbar sein und die BI-Lösung sollte
schnell in bestehende Systeme implementiert werden können.

Ich arbeite deshalb seit vielen Jahren mit Qlik®, weil damit alle Anforderungen abgedeckt werden, die für die Realisierung einer erfolgreichen BI-Strategie nötig sind.
Qlik® bietet einen Plattformbasierten Ansatz rund um visuelle Datenanalysen und
versetzt die gesamte Organisation in die Lage, richtige Entscheidungen aufgrund

fundierter Antworten zu treffen. Qlik® kann einfach und rasch Daten aus der gesamten IT-Infrastruktur in die Analyse miteinbeziehen. Die Anwendung ist nach
kurzer Einschulung intuitiv bedienbar.

Mit der assoziativen in-Memory Suche können Anwender ihre Daten frei untersuchen und sind nicht mehr darauf beschränkt, einem vordefinierten Pfad von Fragen
zu folgen. Mit Qlik on Mobile können Daten immer und überall einfach und schnell
mit iPhone, iPad oder anderen mobilen Geräten mit HTML5-fähigen Browsern analysiert werden.

Die Autoren des Buches: Wolfgang M. Roser

Wolfgang M. Roser ist Gründer und Inhaber der STANDARD:IT
Solutions GmbH. Dasim Jahr 2004 gegründeteUnternehmen mit Sitz
in Wienist auf ERP (Enterprise Resource Planning) und BI (Business
Intelligence)spezialisiert und bietet neben der passenden Software-
Lösung vor allem praxisnahe und zielorientierte Beratung an. Kunden profitieren von der langjährigen Erfahrung, dem umfassenden
betriebswirtschaftlichen Know-how und der ganzheitlichen Herangehensweise, mit der Projekte umgesetzt werden.

Wolfgang M. Roser ist erreichbar unter: wmr@standardit.at, www.
standardit.at"

Gemeinsam mit meinem hochmotivierten Team an Spezialisten habe ich es mir
zur Aufgabe gemacht, jenes Wissen für Unternehmen zugänglich zu machen, das
sie nach vorne bringt und alle Antworten zu liefern, die es für einen nachhaltigen
Geschäftserfolg braucht.

HR-Konjunktur-Blitzlicht

Das Wirtschaftsinstitut Wolfgang Witte hat im Herbst 2016 ein „HR-Konjunktur-Blitzlicht" erstellt: 74 Aussteller der Messe Zukunft Personal und andere Umfrage-Teilnehmer haben im September und Oktober 2016 an einer Befragung zur Einschätzung der Marktlage teilgenommen.

Die Ergebnisse zeichnen ein sehr positives Bild. Lediglich die Weiterbildungsbranche macht sich Sorgen um eine ausreichende Nachfrage. Die Softwareunternehmen haben geradezu schon Luxusprobleme: Sie betrachteten den Fachkräftemangel als größtes Markthemmnis.

An der Befragung haben Unternehmen aller Größenordnungen aus den verschiedenen Marktsegmenten für Human Resource Management teilgenommen – von Software über Weiterbildung bis hin zu Recruiting und Personaldienstleistungen. Über drei Viertel der Befragten (77,0 Prozent) bezeichnen die eigene Geschäftslage als gut oder sehr gut. Ein Umsatzwachstum über 10 Prozent erwartet mehr als jedes dritte Unternehmen (38,0 Prozent). 56,8 Prozent gehen von einer weiteren Verbesserung ihrer Geschäftslage aus. 41,9 Prozent meinen, dass die Lage etwa gleich bleiben wird und lediglich 1,4 Prozent rechnen mit einer Verschlechterung ihres Geschäfts. Insbesondere die Software-Anbieter bewerten die Geschäftslage im Vergleich zu den anderen Branchen des HR-Marktes besonders positiv.

68,5 Prozent der Unternehmen bringen laut der Befragung regelmäßig Innovationen auf den Markt – 45,2 Prozent bestätigten dies voll und ganz und immerhin für 23,3 Prozent trifft dies auch noch eher zu. Bei der Einschätzung, ob die Unternehmen damit auch entsprechende Wettbewerbvorteile erzielen, zeigten sich die Befragten etwas skeptischer, aber immer noch nahezu ebenso positiv. Der Innovationskraft des HR-Marktes gaben die Unternehmen allerdings nur eine schwache

Durchschnittsnote von 3,2. Knapp ein Drittel der Befragten (32,4 Prozent) bewerten die Innovationskraft nur als ausreichend oder mangelhaft.

Detaillierten Ergebnisse des HR-Konjunktur-Blitzlichtes über presse@messe.org oder wwitte@hr-konjunktur.de kostenfrei anfordern.

Human Resources in der Cloud

von Lothar Steyns

Der Begriff „Cloud" ist zurzeit in aller Munde. Aber was verbirgt sich eigentlich hinter diesem Begriff und seinen Begleitern? Was versteht man zum Beispiel unter Outsourcing, SaaS, Private Cloud, Miet-Software oder ASP, um nur einige weitere Begriffe aus dem Cloud-Computing zu nennen? Die gemeinsame Grundlage ist die Idee, Software als Service zur Verfügung zu stellen.

Erst die modernen Internettechnologien mit hohen Übertragungsgeschwindigkeiten und fast unbegrenztem Speichervolumen auf sicheren Serverplattformen verhalfen dem Outsourcing auch im Human Resources Bereich zum Durchbruch. Denn in der Bundesrepublik gelten im Lohn- und Gehaltsbereich auch für die Cloud die strengen „alten Regeln". Insbesondere zählen hierzu die allerhöchste Sicherheit der Daten, permanente Verfügbarkeit, restriktive Zugriffsverwaltung u. v. m. Die Anbieter klassischer Software haben das rasch erkannt und bieten deshalb entsprechende Serviceleistungen passend zum aktuellen Arbeits- und Lebensgefühl an.

Jedes erfolgreiche Unternehmen muss den neuen Anforderungen des sich verändernden Marktes gerecht werden, indem es gestellte Aufgaben schnell und professionell erledigt. Betrachtet man die permanente globale Präsenz und im Gegensatz dazu die demografische Entwicklung, den massiven Fachkräftemangel oder die immer kürzeren Umsetzungszeiten für Projekte wird jedem sicher klar, dass hier ein Umdenken angesagt ist.

Die Erkenntnis, dass die Ausrichtung der Abteilungen auf die eigentlichen Kernkompetenzen eine wesentliche höhere Effektivität und Effizienz für das Unternehmen bringt, ist der ausschlaggebende Grund für das Outsourcing!

Neben der Kosteneinsparung, die ein Outsourcing-Projekt sowieso immer mit sich bringt, sprechen die Möglichkeiten zur Prozessoptimierung/-straffung und geringere Komplexität ebenso dafür, wie das Argument Freiraum für Managementaufgaben zu schaffen.

Bedarfsorientiertes Outsourcing heißt das Zauberwort für eine erfolgreiche Outsourcing-Lösung. Im HR-Bereich unterscheidet man drei klassische Servicelevels:

ASP → Application Service Providing
BSP → Business Service Providing
FSP → Full Service Providing

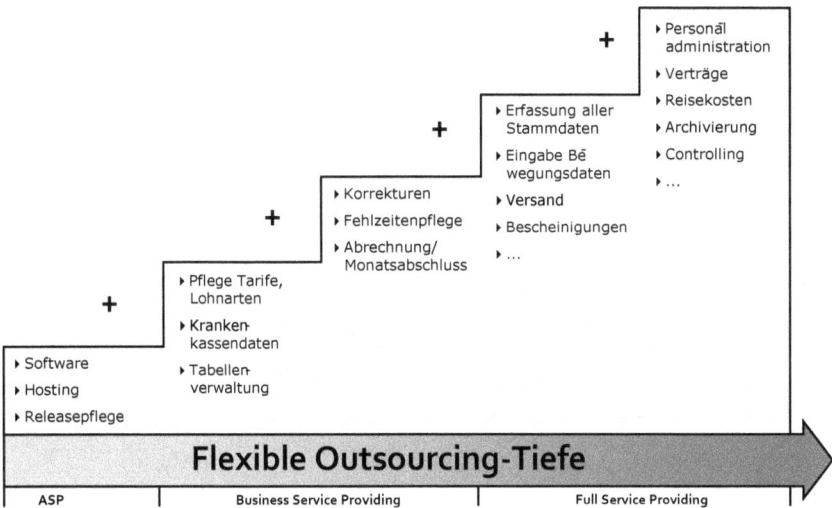

Im ASP Rechenzentrum stellt der Dienstleister seinem Kunden zum Beispiel die Abrechnungs-Software zur Verfügung. Er kümmert sich um die tägliche Datensicherung, die Releases, Updates oder auch individuellen Anpassungen. Während der vereinbarten Arbeitszeit steht die Anwendung dem Kunden immer aktuell zur Verfügung. Basierend auf einem Webbrowser greift der Anwender auf die Applikation mit einem persönlichen Kennwort zu und führt selbst alle Lohnabrechnungsarbeiten durch.

Unter BSP versteht man die teilweise Auslagerung von Prozessen an ein Dienstleistungsunternehmen. Dies können Teile der Abrechnung sein oder die Beweradministration oder, oder, oder .... Das Unternehmen nutzt die Erfahrung und Routine des Service-Anbieters, um gewisse Arbeiten zügig und mit transparenten Kosten erledigen zu lassen. Die so gesparte Zeit schafft den nötigen Freiraum für die eigentlichen Kernaufgaben.

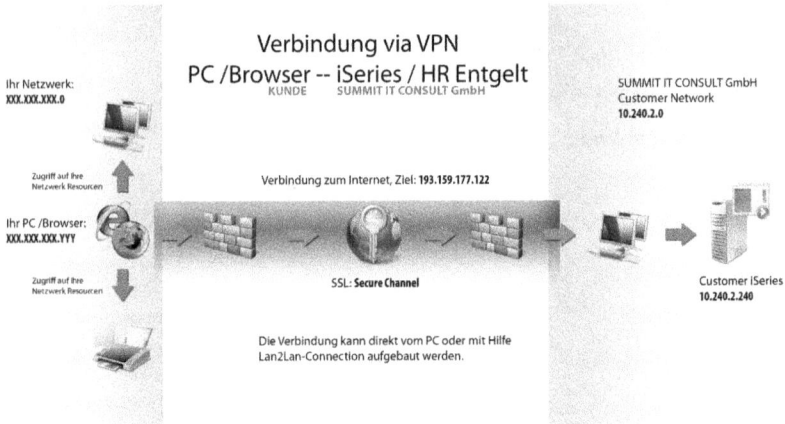

Verbindung via VPN
PC /Browser -- iSeries / HR Entgelt
KUNDE   SUMMIT IT CONSULT GmbH

Ihr Netzwerk:
XXX.XXX.XXX.0

SUMMIT IT CONSULT GmbH
Customer Network
10.240.2.0

Zugriff auf Ihre Netzwerk Resourcen

Verbindung zum Internet, Ziel: 193.159.177.122

Ihr PC /Browser:
XXX.XXX.XXX.YYY

Zugriff auf Ihre Netzwerk Resourcen

SSL: Secure Channel

Customer iSeries
10.240.2.240

Die Verbindung kann direkt vom PC oder mit Hilfe Lan2Lan-Connection aufgebaut werden.

FSP nennt man die Auslagerung eines kompletten Prozesses. Hier wird z. B. der gesamte Prozess der Lohnabrechnung an einen Dienstleister übergeben. Vom Neueintritt eines Mitarbeiters bis zum Versand der Lohnabrechnung inkl. Meldewesen nutzt man das gesamtheitliche Lösungsangebot.

Kostenvorteile:

- Geringere (Investitions-) Kosten und TCO
- Geringere Kapitalbindung und höhere Liquidität
- Feste monatliche Kosten ermöglichen eine saubere Budgetierung
- Bessere Kostenkontrolle und mehr Planungssicherheit durch transparente Kostenstrukturen

- Optimierter Ressourcen-Einsatz und Konzentration auf Kernkompetenzen

Technologische Vorteile:

- Immer up-to-date durch den Einsatz der aktuellsten Soft- und Hardware
    - → Die eigene Hardware bzw. Betriebssystemsoftware muss nicht auf dem neuesten Stand gehalten werden
    - → Dies erspart Zeit und Kosten
    - → Immer aktuellste Sicherheitsstandards
- Schneller Einsatz der Anwendungen durch kurze und vereinfachte Implementierung
- Hohe Flexibilität, einfachere und schnellere Migration
- Geringe Hardware-Anforderungen
- Unabhängigkeit von immer kürzeren Software-Lebenszyklen
- Schnellere, einfachere Skalierbarkeit
- Verbesserte Administration

Die Autoren des Buches: Lothar Steyns

Lothar Steyns ist Geschäftsführender Gesellschafter der SUMMIT IT CONSULT GmbH. Seit über 15 Jahren bietet die SUMMIT Komplettlösungen für alle Bereiche des Human Resources an. Diese Lösungen werden sowohl als Inhouse- als auch als Outsourcing-Lösungen angeboten.

Vorteile bei Service & Leistungen:

- Entlastung der eigenen EDV-Abteilung
- Unabhängigkeit von der sonstigen EDV-Strategie
- Reduktion der EDV-Abhängigkeit bei Termin-Updates
- Klar definierte Leistungen und Verantwortlichkeiten
- Gewährleistung hoher Verfügbarkeit, Ausfallsicherheit und Datensicherheit
- First Level Support: Hohe Kompetenz und Know-how beim Application Service Provider
- Minimierung der Ausfallzeiten

Beim Outsourcing sollte man sein Augenmerk aber nicht nur auf diese rationalen Gesichtspunkte richten, sondern auf jeden Fall auch die emotionale Ebene betrachten. Betroffene Mitarbeiter der Fachbereiche befürchten manchmal die Kontrolle über Unternehmensprozesse zu verlieren oder vermuten oft, dass mit Outsourcing zwingend ein Personalabbau einhergeht.

Um sich hier nicht selbst im Wege zu stehen, ist es sehr wichtig, frühzeitig vollständige, detaillierte Informationen zum Outsourcing-Projekt an die Mitarbeiter weiterzugeben. Bereits in der Planungsphase des Projektes sollten die Beteiligten einbezogen werden. Ein gut durchdachter und von vielen Seiten beleuchteter Projektplan, mit klarer Aufgabenstruktur und Meilensteinen ist der wichtigste Schritt auf dem Weg zum Ziel – dem Erfolg!

Fazit:

In den letzten Jahren entscheiden sich immer mehr Unternehmen für Outsourcing-Lösungen im HR-Bereich. Der Grund für diese Entwicklung liegt darin, dass sich die Vorteile des HR-Outsourcings besonders deutlich herauskristallisieren durch die logisch ausgerichtete Arbeitsweise und vorteilhafte Kostenstruktur professioneller Outsourcing- Anbieter.

Mit einem kompetenten Anbieter findet jeder den „Maßanzug" für sein Unternehmen.

Fünf Tipps für Digitales Bildungs-Investment

von Burgy von Schneider-Egestorf

Weiterbildung ist Sache der Personalabteilung. Doch müssen die einzelnen Maßnahmen nicht ausschließlich von dieser initiiert werden. Die Beschäftigten können heute sehr leicht zusätzlich selbst die Initiative ergreifen. Oft genügt ein Anstoß und ein wiederholter Hinweis der Personalabteilung. Das Informationszeitalter bietet hervorragende Möglichkeiten für digitales Bildungs-Investment.

Wer heute über einen Internetanschluss und ein mobiles Endgerät oder einen Computer verfügt, kann sich jederzeit virtuell weiterbilden und seine Kompetenzen bedarfsgerecht und modulartig erweitern. Einige Dinge sind dabei allerdings zu beachten.

1. www steht für weltweite Weiterbildung

Das Internet macht's möglich: Wollen wir in uns selbst investieren, sind wir schon lange nicht mehr beschränkt auf die eigene Region oder ein knappes Budget. Heute kann man mit wenig Aufwand und Kosten an der globalen Wissenswertschöpfung teilhaben. Ein Zertifikat von Harvard, Cambridge oder Stanford kann unsere Lebensläufe zieren – wenn die Englischkenntnisse ausreichend sind und die Bereitschaft zur virtuellen Wissensaufnahme vorhanden ist. Plattformen dafür sind unter anderem coursera.com, exd.org, iversity.org oder futurelearn.com.

2. Auf jeden Topf passt ein Deckel, wenn das Weiterbildungsziel klar ist

Von Karriere-Webinaren bis zu kompletten Online-Studiengängen (z. B. über die Open University, die University of the People, die FernUni Hagen oder das HPI Hasso Plattner Institut) – das Angebot an virtueller Weiterbildung ist riesig. Viele Online-Angebote sind kostenfrei, immer mehr Angebote sind jedoch – zu Recht – kostenpflichtig. Wer sich virtuell weiterbilden möchte, sollte sich zuerst über das persönliche Weiterbildungsziel klar werden: Dient die Online-Fortbildung zur Wissenserweiterung, soll sie neue Impulse setzen oder zu einem konkreten Zertifikat/Abschluss führen? Über die Frage des Weiterbildungsziels kann das Angebot eingegrenzt werden.

Hier ist häufig ein Beratungsgespräch in der Personalabteilung hilfreich, wenn konkrete Berufsziele erreicht werden sollen. So hat mancher Beschäftigte in der Praxis bereits berufliche Qualifikationen erworben, zu denen ihm nur noch ein Zertifikat fehlt. In einem anderen Fall fehlt nur noch eine Zusatzqualifikation, um den gewünschten Karrieresprung innerhalb des Unternehmens zu schaffen.

3. Eine Frage der Zeit

Viele Online-Angebote sind „Kurz-Inspirationen". Dazu gehören zum Beispiel die Webinare der women&work, die sich gezielt an Frauen richten, die in ihre Karriere investieren möchten oder der innovation@work, deren Webinare vor allem die Bereiche Leadership und Innovation mit kostenfreien Webinaren abdecken. Auch die Futability®-Webinare fallen in diese Kategorie. Das Zeitinvestment liegt bei ein bis drei Stunden und kann jederzeit in den Alltag integriert werden. Online-Studiengänge oder Zertifizierungen sind mit einem deutlichen Mehraufwand von einigen Wochen und Monaten bis hin zu mehreren Jahren verbunden und sind mit einem realen Seminar oder einer Fortbildung mit persönlicher Anwesenheit gleichzusetzen. Der Vorteil der virtuellen Weiterbildung liegt in der zeitlichen Flexibilität. Webinare oder Online-Zertifizierungen können in sehr vielen Fällen flexibel abgerufen und individuell an die eigenen zeitlichen und inhaltlichen Bedürfnisse angepasst werden.

4. Auf die Betreuung kommt es an

Weil das Angebot an virtueller Weiterbildung so groß ist, lohnt es sich, bei der Auswahl darauf zu achten, welche Betreuungsmöglichkeiten vor allem bei den längerfristigen Weiterbildungs-Investments vorhanden sind. Wie kann mit den Lehrenden kommuniziert werden? Gibt es zusätzlich zu den Online-Kursen Foren für den Austausch zwischen den Teilnehmenden? Werden persönliche Sprechstunden angeboten? Welches Material wird online zur Verfügung gestellt und wie gut ist es aufbereitet? Welche Voraussetzungen sind für die Zertifizierung/den Abschluss notwendig und wie viel Zeit bekommt man, um die Prüfungsleistungen zu erbringen? Sind Seminare mit persönlicher Anwesenheitspflicht vor Ort ins Curriculum integriert? Wenn ja, wo finden diese Seminare statt? Hier können sich nicht unerhebliche Zusatzkosten verstecken, daher sollte man auf diesen Punkt ganz besonders achten.

5. Persönliche Voraussetzungen

Wer unter chronischer Aufschieberitis leidet und Schwierigkeiten hat, seinen normalen Tagesablauf zu planen, für den können virtuelle Fortbildungen von längerer Dauer ein echter Stressfaktor sein, denn die Flexibilität, die vielen Online-Fortbildungen zugrunde liegt, erfordert ein hohes Maß an Selbstorganisation, Disziplin und Durchhaltevermögen. Obwohl mittlerweile fast alle professionell betriebenen Weiterbildungsportale auch Foren zum Austausch anbieten, so muss einem bewusst sein, dass die Kommunikation zwischen Teilnehmenden und Lehrenden überwiegend online erfolgt. Wer Wert legt auf einen persönlichen „Face-to-Face"-Austausch oder sich mit den neuen Medien schwer tut, wird an und mit einer virtuellen Weiterbildung wenig Freude haben.

Weiterführende Links für zahlreiche kostenfreie Webinare:

http://webinar.womenandwork.de

http://webinar.innovationatwork.de

http://webinar.futability.com

E-Learning auf dem Vormarsch?

von Stefanie Hornung

Laut einer gemeinsamen Studie der Association for Talent Development (ATD, vormals ASTD) und dem Institute for Corporate Productivity sind Betriebe auf das Lernen der Zukunft nicht vorbereitet.

Nur gut ein Drittel der Trainer und Führungskräfte glauben, dass sie Trends wie der Bereitstellung von E-Learning-Inhalten auf verschiedenen mobilen Endgeräten und von E-Learning-Tools zum selbstgesteuerten Lernen am Arbeitsplatz gerecht werden können.

Mobile Learning im Trend

Einen Überblick darüber, was zu digitaler Fitness für Personalentwickler alles dazu gehört, gab Josef Buschbacher, Geschäftsführer der Corporate Learning & Change GmbH, auf der Messe Personal Süd 2016: Er kommt dabei auf Themen wie Mobile Learning, Learning Nuggets, Blended Learning, den informellen Wissensaustausch über Collaboration Tools, Virtual Reality in der Aus- und Weiterbildung oder Learning Analytcis zu sprechen.

Lernen in Learning Communities und für den Betrieb 4.0

Lernen findet in Organisationen zunehmend informell und selbstgesteuert statt – und zwar fast immer in einem persönlichen Netzwerk. Doch wie können Arbeitgeber das Lernen in Learning Communities unterstützen? Die Corporate Learning Alliance (CLA) hat im vergangenen Jahr den Corporate Learning 2.0 MOOC veranstaltet, einen offenen Online-Kurs, in dem Unternehmen dazu eingeladen waren, ihre Herausforderungen beim Corporate Learning zu diskutieren. Karlheinz Pape berichtete als Mitglied der CLA auf der Messe über das Projekt und die Learnings. Außerdem stellte Andreas Eckelt von der Deutschen Bahn sein Projekt „Next Education" vor, das auch in dem Corporate Learning 2.0 MOOC Thema war.

Besondere Highlight der Messe waren die Keynote-Vorträge von Prof. Dr. John Erpenbeck (Steinbeishochschule Berlin) zum Thema „Kompetenzentwicklung im Netz" und von Welf Schröter (Forum Soziale Technikgestaltung) zum Thema „Betrieb 4.0 – Chance zum Aufbruch für Wirtschaft und Beschäftigte".

Weitere Infomationen zur Messe lesen sie nach unter:

www.personal-sued.de

Digitale Medien in der betrieblichen Aus- und Weiterbildung

Nahezu jeder Betrieb in Deutschland verfügt heute über internetfähige Technik wie Desktop-PC, Laptops oder Tablet-Computer und setzt diese auch bei der betrieblichen Ausbildung ein. Dennoch werden spezielle digitale Lern- und Medienformate von den Betrieben in der Ausbildung noch sehr zurückhaltend eingesetzt, hier spielen weiter klassische Medienformate die größte Rolle.

Das ist ein Ergebnis der ersten repräsentativen Untersuchung zur Bedeutung digitaler Medien in der betrieblichen Aus- und Weiterbildung, die das Bundesministerium für Bildung und Forschung (BMBF) in Auftrag gegeben hat. Hierfür haben das Bundesinstitut für Berufsbildung (BIBB) und TNS Infratest 3000 Betriebe in Deutschland zur Nutzung digitaler Medien befragt.

„Die fortschreitende Digitalisierung und Automatisierung hat längst auch die Berufsbildung erfasst. Dachdecker inspizieren heute Gebäude mithilfe von Drohnen, Anlagenmechaniker bauen Smart-Home-Technik in Eigenheime ein. Der digitale Wandel schafft neue Anforderungen an die Qualifizierung von Fachkräften, eröffnet aber auch neue Möglichkeiten, Wissen mit digitalen Lern- und Lehrformaten zu vermitteln", sagte Bundesbildungsministerin Johanna Wanka. „Wir brauchen eine Berufsbildung 4.0. Das BMBF legt deshalb einen besonderen Schwerpunkt darauf, die Digitalisierung in der beruflichen Bildung zu fördern. Besonders für dieses Thema sensibilisieren und unterstützen wollen wir dabei kleine und mittlere Unternehmen."

Die Studie „Digitale Medien in Betrieben - heute und morgen. Eine repräsentative Bestandsanalyse" ermöglicht erstmals einen Überblick über die aktuelle Nutzung digitaler Medien nach Branchen, Betriebsgrößenklassen und Regionen in der beruflichen Aus- und Weiterbildung. In der Studie wurde auch untersucht, wie die Betriebe die künftige Bedeutung von digitalen Medien in der Aus- und Weiterbildung einschätzen. In den kommenden drei Jahren sieht die Mehrzahl der befragten Betriebe demnach bei allen betrieblichen Tätigkeiten einen weiteren Bedeutungszuwachs digitaler Geräte. Unzufrieden ist dagegen fast jeder zweite Betrieb mit den IT-Kenntnissen seiner Auszubildenden und bewertet diese lediglich mit ausreichend. Weniger als ein Drittel bewertet die Kenntnisse als sehr gut oder gut.

Im Mittelpunkt der BMBF-Förderung zur Berufsbildung 4.0 steht das Programm „Digitale Medien in der beruflichen Bildung". Hier werden neue digitale Lösungsansätze entwickelt und erprobt, wie beispielsweise Lernen am Arbeitsplatz, ePortfolios und offene Bildungsmaterialien (Open Educational Resources). Auch die Stärkung der Medienkompetenz betrieblicher Ausbilderinnen und Ausbilder wird gefördert. Darüber hinaus fördert das BMBF die zukunftsfähige Qualifizierung von Fachkräften insbesondere für kleine- und mittlere Unternehmen mit einem Sonderprogramm für die Digitalisierung in den Überbetrieblichen Berufsbildungsstätten (ÜBS). Mit der Initiative „Fachkräftequalifikation und Kompetenzen für die digitalisierte Arbeit von morgen" wird in Kooperation mit dem BIBB anhand von 13 exemplarisch ausgewählten Berufen untersucht, wie sich die Digitalisierung auf Arbeitsprozesse und Qualifizierungsanforderungen auswirkt und wie die Ausbildung entsprechend angepasst werden sollte.

Mit einer neuen Förderung sollen ab dem kommenden Jahr Verbreitung und Transfer guter Konzepte zum digitalen Lernen gefördert werden. Ziel ist ein Netzwerk für digitales Lernen, über das Unternehmen gemeinsam die notwendigen technischen Infrastrukturen und digitalen Lernangebote bereitstellen und nutzen können. Gefördert werden sollen auch die gemeinsame Entwicklung von Standards und Verfahren zur Qualitätssicherung sowie die Bereitstellung von hochwertigen Qualifizierungsangeboten. Zusätzlich zielt eine weitere neue Initiative ab dem kommenden Jahr darauf ab, die digitale Medienkompetenz in der Weiterbildung zu verbessern.

Die vom Bundesministerium für Bildung und Forschung (BMBF) geförderten Anwenderworkshops zur Nutzung digitaler Medien in der beruflichen Bildung stoßen auf großes Interesse: Bisher nahmen rund 200 Ausbilderinnen und Ausbilder an den ersten drei Workshops in Heidelberg, Dresden und Hamburg teil. Vor dem IT-Gipfel der Bundesregierung fand in Saarbrücken der letzte Workshop des Jahres 2016 statt.

„Die Nachfrage und der Bedarf nach diesen Weiterbildungen ist groß. Wir müssen die Vorteile digitaler Medien in der beruflichen Ausbildung nutzbar machen. Dafür brauchen wir Ausbilderinnen und Ausbilder mit entsprechenden Kompetenzen. Dieses Rüstzeug vermitteln wir in den Workshops und werden diese im nächsten Jahr fortsetzen", sagte Bundesbildungsministerin Johanna Wanka anlässlich des Abschlussworkshops am 2. November in Saarbrücken.

In den Anwenderworkshops können die Ausbilderinnen und Ausbilder neue digitale Lern- und Lehrwerkzeuge erproben und anwenden. Dazu gehört das „Social Augmented Learning" (SAL), mit dem beispielsweise Abläufe an der laufenden Druckmaschine für die Lernenden visualisiert werden. Mithilfe von Smartphones oder Tablets können die Auszubildenden am virtuellen Drucksystem arbeiten und lernen. Von den Ausbilderinnen und Ausbildern vorgegebene Aufgaben können somit - genau wie Bedien-, Service- und Wartungssituationen - mobil simuliert werden.

Mit dem in den Workshops erworbenem Wissen können die Ausbilderinnen und Ausbilder neue digitale Lern- und Lehrmethoden in der Berufsbildungspraxis etablieren. Wanka weiter: „Wir sehen, dass die Digitalisierung immer stärker den Arbeitsalltag prägt. Daher brauchen wir eine Berufsbildung 4.0 mit digitalen Inhalten und Methoden. Das ist die Voraussetzung für eine erfolgreiche Industrie 4.0 und damit für die Zukunftsfähigkeit des Wirtschaftsstandorts Deutschland."

Das erfolgreiche Konzept der Anwenderworkshops wird im kommenden Jahr fortgesetzt und mit weiteren neuen digitalen Konzepten für die Berufsbildung erweitert. Dazu soll im nächsten Jahr auch erstmals das Social Augmented Learning-Konzept mit einer Virtual-Reality-Brille gezeigt werden.

Die Workshops sind Teil des Förderprogramms „Digitale Medien in der beruflichen Bildung" des Bundesministeriums für Bildung und Forschung (BMBF), in dem innovative digitale Konzepte für Lehr-, Lern- und Arbeitsprozesse der Berufsbildungspraxis entwickelt werden. Ziel der Konzepte ist es, die Ausbildung und Facharbeit mit digitalen Formaten zu unterstützen und den Ausbildungsalltag zu optimieren.

Die Studie „Digitale Medien in Betrieben - heute und morgen. Eine repräsentative Bestandsanalyse" finden Sie unter:

https://www.bibb.de/veroeffentlichungen/de/publication/show/id/8048

weitere Informationen:

https://www.bmbf.de/de/digitalisierung-in-der-beruflichen-bildung-2418.html

e-Learning für Mitarbeiter

Interview mit Frazier Miller

Der Trend geht zu interaktiven Personalschulungen auf mobilen Devices. NEWSolutions befragte Frazier Miller, COO von Articulate zur gegenwärtigen Entwicklung in diesem Bereich.

Herr Miller, wie kann Articulate für Softwareeinführungen oder Mitarbeiterschulungen genutzt werden?

Unternehmen setzen die Software von Articulate ein, um Online- und mobile Schulungen zu entwickeln. Statt zum Beispiel eine Trainings-Einheit zur Verfügung zu stellen, bei der ein Ausbilder anhand einer Powerpoint Präsentation persönlich die Inhalte während eines Kurses vermittelt, erstellt das Unternehmen einen interaktiven Kurs, den die Arbeitnehmer auf ihrem Computer, Laptop, iPad oder anderen mobilen Geräten abarbeiten können.

Das Articulate Storyline Modul bietet drei Methoden an, um den Beschäftigten den Umgang mit der Software mit Hilfe einer Simulation nahe zu bringen: Eine Methode erstellt eine Demo, die die Bedienung der Software zeigt. Eine andere Methode erlaubt es dem Personal, die Software auszuprobieren, indem mit einer Simulation interagiert wird und eine weitere testet die Lernenden in der Nutzung der Software.

Informationen zu Frazier Miller

Wir haben uns darauf spezialisiert, Unternehmen zu helfen, die erfolgreich eigene E-Learning-Kurse entwickeln," sagt Frazier Miller, COO von Articulate.

Wie entwickelt sich aktuell die Akzeptanz von E-Learning in den USA?

Mehr Unternehmen als je zuvor nutzen in den USA E-Learning, um ihre Angestellten zu schulen, weil es leichter anzupassen, kostengünstiger und schneller als Präsenztraining ist. Es erlaubt dem Personal, zu jeder Zeit und an jedem Ort zu lernen.

E-Learning gewinnt auch im Bildungssektor eine immer größere Bedeutung. In den USA nutzen 7.1 Millionen Studenten mindestens einen Online-Kurs. Einer Studie von IBIS Capital zufolge werden die Ausgaben für E-Learning voraussichtlich um 23 % pro Jahr auf 255 Milliarden Dollar von 2012P bis 2017P steigen, die aus einer Wachstumsrate von

- 33 % im primären und sekundären Bildungsbereich,
- 35 % in der Hochschulbildung
- und 8 % im Unternehmensmarkt bestehen.

Die USA und Europa machen laut dieser Studie über 70 % der weltweiten E-Learning-Industrie aus.

Der Bildungsmarkt der Unternehmen hat nach IBIS Capital ein Volumen von 200 Milliarden Dollar, von denen 26 Milliarden Dollar ins E-Learning fließen. Es wird erwartet, dass der E-Learning-Sektor bis 2015 auf 32 Milliarden Dollar ansteigt.

Wie interaktiv ist die interne Kommunikation / Weiterbildung im Moment?

Interaktives Training mobilisiert die Lernenden effektiver. Es macht passiv Lernende zu aktiv Lernenden. Mobiles Lernen, vor allem mit Tablets, wird immer beliebter, da Unternehmen ihren Angestellten die Flexibilität geben möchten, zu jeder Zeit und auf jedem Gerät zu üben.

Gibt es spezielle Anforderungen für den deutschen, beziehungsweise den europäischen Markt?

IBIS Capital zufolge ist Deutschland führend in der Nutzung der „Serious Games" und des mobilen Lernens mit einer Marktdurchdringungsrate von jeweils 21 % und 15 %.

Deutschland ist einer von Articulates größten nicht-englischsprachigen Märkten. Zudem ist es einer der größten Märkte der Welt. Daher gibt es viele Möglichkeiten, das E-Learning dort auszuweiten. Es existiert bereits eine beachtliche Nachfrage in Deutschland. Wir haben uns darauf spezialisiert, Unternehmen zu helfen, die erfolgreich eigene E-Learning-Kurse entwickeln. So wie in den USA, wo wir eine große Community aufgebaut haben, die Menschen beim Entwickeln der Kurse unterstützt, etablieren wir gegenwärtig die Präsenz einer lokalen Community in Deutschland. Die Community wird von einer Expertin unterstützt, der deutschen Community Managerin, Nicola Appel. Wir wollen mit Ratschlägen und Inspiration bei der Erstellung neuer Kurse den Unternehmen zur Seite stehen.

Vielen Dank für dieses Gespräch.

Hier finden Interessierte ein kurzes Video, das die Simulationssoftware erklärt:
http://www.articulate.com/ images/storyline/features/softwaresimulation.mp4

Referenz: Studie von IBIS Capital: Global eLearning Investment Review, 2013

Digitale Bildungsteiler kommen – auch aus Deutschland

Digitale Wissensplattformen, bei denen jeder aktiv mitmachen kann, gewinnen rasant an Bedeutung.

Wer früher an E-Learning dachte, hatte braune Rollkragenpullover tragende Mathelehrer im Telekolleg-Stil vor Augen. Wie oft schon wurde die digitale Bildungsrevolution ausgerufen? Doch gelernt wird immer noch klassisch. Nicht ganz.

Learnity.com ist ein Beispiel für das Teilen von Wissen im Internet.

Denn nun scheint eine neue Ära des Online-Lernens anzubrechen und das hat sechs Gründe:

1. Digitalisiertes Nutzerverhalten: Die „Four Screens-Routine" (TV, Laptop, Smartphone & Tablet) ist etabliert. Auch Ältere – sog. Golden Ager – surfen vermehrt im Internet. Online sein ist die Norm, online lernen selbstverständlich.

2. Technologischer Quantensprung: Hochwertige Plattformen und Digital-Produktionen können heute deutlich kostengünstiger als noch vor wenigen Jahren umgesetzt werden. Eine ganz neue Generation von attraktiven, digitalen (Lern-) Inhalte ist auf dem Markt.

3. Skill Gaps & lebenslanges Lernen: Sich rasant verändernde Anforderungen auf dem Arbeitsmarkt verlangen kontinuierliche Weiterbildung. Zudem erfordern häufigere Jobwechsel immer wieder neue Zusatzqualifikationen.

4. Learning by sharing: Die Uberisierung des Lernens findet statt. Es ist die Ära der Plattformen. Auch im Bildungssektor ist das Phänomen der Co-Creation omnipräsent.

5. Kostendruck: Der Kostendruck bei Unternehmen und Bildungseinrichtungen führt zur dynamischen Nachfrage nach effizienten Online-Angeboten.

6. Dynamische Funding-Entwicklung: US-Bildungsplattformen wie Coursera und Udemy haben in den vergangenen Jahren mehr als 150 Mio. USD eingesammelt. Das Tech-Online-Learning Udacity ist das erste Unicorn in diesem Bereich.

www.ingramcontent.com/pod-product-compliance
Lightning Source LLC
Chambersburg PA
CBHW070350200326
41518CB00012B/2198